Super Omnia Bonae Voluntatis

Impressum

John E. Labrise

Saint Joseph Books

75376 River Road

Saint Benedict, LA 70457 U.S.A.

Aus dem Englischen übersetzt von Daniela M. Hartinger

mit freundlicher Unterstützung von Florian Maizner

Illustration im Buch von Izabela Ciesinska

Karten von John Labrise

Cover von Sam Wall

ISBN: 978-1-963123-28-9 (Hardcover)

ISBN: 978-1-963123-29-6 (Taschenbuch)

ISBN: 978-1-963123-30-2 (E-Book)

Die Mission der Jungfrau

„Johanna ist illustres Beispiel dafür, wie Widrigkeiten überwunden werden, ohne dass Fakten es ausreichend erklären könnten."

— Mary Gordon
Joan of Arc, übersetzt

„Was kann ein Historiker zu dieser fast unglaublichen Geschichte einer Analphabetin und Bauerntochter sagen, die den Lauf der Geschichte veränderte, Könige einschüchterte, Generäle überlistete, über menschliche Fähigkeiten hinauswuchs und schließlich heiliggesprochen wurde?"

— Morris Bishop
The Middle Ages, übersetzt

„Sie wagte sich an ihre Aufgabe trotz des enormen Risikos für ihre Jungfräulichkeit und ihr Leben sowie ihren Ruf und ihren Einfluss ... Doch Johanna ließ sich weder von Gefahren noch Verleumdungen abschrecken, gerade weil sie fest davon überzeugt war, dass Gott ihr Anführer war."

— Donald Spoto
Joan: The Mysterious Life of the Heretic Who
Became a Saint, übersetzt

„Im späten Frühjahr 1429 schien der Sieg der Engländer nah, wenn nicht sogar unvermeidlich. In diesem Moment erschien Jeanne d'Arc. Zur allgemeinen Verwunderung inspirierte sie die Befreiung von Orléans und führte den Dauphin Karl nach Reims, wo er gesalbt und gekrönt wurde."

— Régine Pernoud and Marie-Véronique Clin
Joan of Arc: Her Story, übersetzt

„Doch nehmen wir an, der ursprüngliche Brief hätte Bedford tatsächlich erreicht. Welchen Eindruck hätte er davon gehabt? ... Die Engländer sind, abgesehen von ihren Dichtern, kein besonders fantasievolles Volk: In der Politik neigen sie dazu, sich eher auf Stärke als auf Vorstellungskraft zu verlassen; ein System, das in 99 von 100 Fällen funktioniert. Jeanne war der hundertste Fall."

— Vita Sackville-West
Saint Joan of Arc, übersetzt

Die Mission der Jungfrau

Die Heldengeschichte der Jeanne d'Arc

Bruder Emmanuel Labrise, O.S.B.

Ein Held wird erwählt

Buch 2

Saint Joseph Books

Saint Joseph Books
Saint Benedict, LA

Englischer Originaltitel: *Mission of the Maiden: The Hero Story of Joan of Arc*
Aus dem Englischen übersetzt von Daniela M. Hartinger
mit freundlicher Unterstützung von Florian Maizner
Illustration im Buch von Izabela Ciesinska
Karten von John Labrise
Cover von Sam Wall

Artwork für das Buchcover: *Jeanne d'Arc au siège d'Orléans*
von Jules-Eugène Lenepveu (1819–1898), gemalt zwischen 1886 und 1890
(commons.wikimedia.org/wiki/File:Lenepveu,_Jeanne_d%27Arc_au_si%C3%A8ge_d%27Orl%
C3%A9ans.jpg).

ISBN 978-1-963123-28-9 (Hardcover)
ISBN 978-1-963123-29-6 (Taschenbuch)
ISBN 978-1-963123-30-2 (E-Book)

Alle Verse der Schrift werden zitiert aus: Elberfelder Bibel 2006, © 2006 SCM R.Brockhaus in
der SCM Verlagsgruppe GmbH, Holzgerlingen (www.scm-brockhaus.de).

Ich habe mich bemüht, alle Urheberrechtsinhaber zu kontaktieren.

Erstmals gedruckt im Jahr 2025.

Inhaltsverzeichnis

Teil Zwei: Die Mission der Jungfrau

Einführung in die Serie

Reflexionen eines ungewöhnlichen Mönchs ist das erste Buch der Serie *Ein Held wird erwählt* und dient als spirituelle und moralische Grundlage. Ab dem zweiten Buch, *Die Mission der Jungfrau*, bauen alle Geschichten auf den Themen auf, die in *Reflexionen eines ungewöhnlichen Mönchs* eingeführt wurden. Das Hauptziel dieser Reihe ist, christliche spirituelle Prinzipien zu vermitteln und moralische Tugenden über die Geschichte von heiligen Helden zu lehren.

An dieser Stelle sollte eine Anmerkung zum zentralen Konzept und den vorherrschenden Themen in jedem Buch gemacht werden, beginnend mit: *Die Mission der Jungfrau*. Jede Geschichte, ob historisch oder fiktiv, erzählt die Geschichte eines oder mehrerer heiligen Helden, die von Gott zu einer bestimmten Berufung auserwählt wurden, um eine persönliche Mission zu erfüllen. Der historische Kontext ist entscheidend. Ein großer Teil jedes Buches ist deshalb der Einordnung der Protagonisten in ihr historisches Umfeld gewidmet, in dem ihnen die Möglichkeit geboten wird, eine oder mehrere Aufgaben zu erfüllen oder Ereignisse zu ertragen, die sie zum heiligen Helden qualifizieren.

In allen Fällen – mit Ausnahme von Remmy Kimm, die in der fiktionalen Erzählung *Eine nie erzählte Geschichte der Berufung* vorkommt – geschieht dies gegen Ende ihres Lebens. Das Ereignis selbst kann Jahre dauern oder auch nur einen Tag. Der Zeitrahmen ist aber weniger wichtig als das Heldenereignis oder der Heldenmoment selbst. Man kann durch eine einzige heldenhafte Tat am Ende seines Lebens oder durch einen lebenslangen selbstlosen Dienst zum heiligen Helden werden. Dom Tom Mo – der andere Protagonist in *Eine nie erzählte Geschichte der Berufung* – wurde dazu berufen, innerhalb weniger Stunden sein Leben für die Passagiere an Bord seines Raumschiffs zu opfern. Remmy Kimm hingegen wurde zu jahrelangem Missionarsdienst und zum Überleben einer Nahtoderfahrung berufen. Beide sind Märtyrer, der eine rot (Blut, Tod), die andere weiß (selbstloser Dienst für andere).

Weniger wichtig als das Heldenereignis und der Heldenmoment ist die Position im Leben, die jemand einnimmt, wenn er oder sie berufen wird. Jeanne d'Arc wurde aus dem Verborgenen zu einer öffentlichen Mission berufen, die weniger als ein Jahr dauerte und damit endete, dass sie als Ketzerin auf dem Scheiterhaufen verbrannt wurde. Thomas More wurde aus der Prominenz heraus berufen, sein hohes Ansehen in der englischen Gesellschaft und sogar sein Leben für die Treue zu seinem Glauben zu opfern, zu dem er sich bekannt hatte. Jesus von Nazareth wurde aus dem Verborgenen zu seinem öffentlichen Wirken berufen, das etwa drei Jahre dauerte und mit seiner Kreuzigung endete. Das Heldenereignis und der

Heldenmoment stellen die bei der Berufung bereits vorhandenen Kompetenzen und Vorzüge in den Schatten. Mit Ausnahme vielleicht des Heiligen Thomas More handeln alle Geschichten von Außenseitern.

Eine zweite Anmerkung betrifft die Einordnung dieser Bücher in den Bereich der Literatur. Meiner Meinung nach ist keines der Werke aus dieser Reihe – ob nun historisch oder fiktiv – im strengen Sinne ein Werk der Biografie, Geschichte oder Fiktion, auch wenn sie biografische Berichte, historische Inhalte oder Fiktion enthalten. Noch viel weniger handelt es sich um Hagiografien, auch wenn sie sich mit dem Leben heiliggesprochener Helden befassen. Vielmehr sind sie dem Genre der christlichen Sachliteratur zuzuordnen.

Diejenigen, die die Arbeit von Joseph Campbell schätzen – insbesondere sein einflussreiches Werk *Der Held mit den tausend Gesichtern* –, könnten in den Seiten dieser Bücher Lohnenswertes finden. Ich habe jedoch weder versucht, die fiktiven Charaktere nach seinen Schriften zu gestalten, noch die Nacherzählung der Geschichten tatsächlicher historischer Personen auf der Grundlage seiner Arbeit über Mythen und mythische Figuren zu verändern. Vielmehr fühle ich mich von dem Urbild und dem archetypischen Verhalten des heiligen Helden angezogen, der tief im Unterbewusstsein eines jeden Menschen liegt – zumindest, wenn man der Jungschen Theorie folgt. Dieses Unterbewusstsein – wie so viele andere – manifestiert sich in Filmen, Büchern, Kunst und öffentlichen Darbietungen aller Epochen – von der Antike bis zu den populären Filmen von heute. Es ist der

Archetyp des heiligen Helden, der als psychologische Grundlage für die Geschichten dieser Reihe dient.

Ich hielt es für hilfreich, ein kurzes Lexikon der Begriffe zu erstellen, auf die sich der Leser konzentrieren kann. Zwar kann ich nicht für jeden Begriff eine genaue Definition geben, da die Bedeutung je nach Lebenssituation fließend ist, aber zumindest wird die Erwähnung der Begriffe dazu beitragen, dem Leser die relevanten Aspekte der einzelnen Geschichten sowie die Thematik und die Essenz dieser Serie bewusst zu machen. Das Lexikon befindet sich auf der nachfolgenden Seite.

Lexikon der Begriffe

Buch 2

Die Mission der Jungfrau

Einführung in Buch 2

Dieses bescheidene Büchlein ist ein weiteres in der langen Reihe an Werken, die über Jeanne d'Arc verfasst wurden. Darin wird nicht der Anspruch erhoben, dem in der Literatur bereits Bestehendem etwas Neues hinzuzufügen, vielmehr bietet das Buch eine übersichtliche Erzählung ihres Lebens im historischen Kontext sowie eine Heldengeschichte im Rahmen der Reihe *Ein Held wird erwählt*.

Die Mission der Jungfrau erzählt die Geschichte einer Heldin und Heiligen, die wir im Deutschen als „Jeanne d'Arc" oder „Johanna von Orléans" kennen. Während ihres Prozesses wurde sie laut eigener Aussage von den Menschen in ihrem Heimatort Domrémy „Jehanette" („Kleine Jehanne"[1]) genannt, doch nachdem sie ihre Heimat verlassen hatte und auf ihrer Mission durch Frankreich reiste, wurde sie „Jehanne" genannt. Obwohl Johanna während ihres Prozesses aussagte, dass ihr Vater „Jacques d'Arc" genannt wurde, gibt es keine Belege dafür, dass sie tatsächlich „Jehanne d'Arc" (bzw. „Jeanne d'Arc") genannt

---

[1] Aussprache: ʒan.

wurde. Im Gegenteil, zeitgenössische Aufzeichnungen belegen, dass sie in Reden häufig auf sich Bezug nahm und unter den Menschen Frankreichs während ihrer öffentlichen Mission als „Jehanna la Pucelle" („Jeanne, die Jungfrau") bekannt war. Obwohl sie Analphabetin war, lernte sie, ihren Namen zu schreiben, und es sind von ihr diktierte und von ihr selbst unterzeichnete Briefe erhalten, die sie mit „Jehanne la Pucelle" unterzeichnete.

Im Englischen wird „la Pucelle" in Bezug auf Johanna häufig als „the Maid" übersetzt. „Maid" ist dabei eine Kurzform von „maiden" oder „maidservant". Da der Begriff häufig dazu verwendet wird, eine Frau zu beschreiben, die „dafür bezahlt wird, den Haushalt für andere Personen zu führen", habe ich mich in der englischen Version für „pucelle" anstelle von „maiden" entschieden, um die Konnotation einer Bediensteten im Haushalt zu vermeiden. Dies ist insofern wichtig, als dass das korrekte Selbstverständnis Johannas, aber auch das Verständnis ihrer Mitmenschen unbedingt notwendig ist, um ihr Selbstbild, ihre Identität und ihre Wahrnehmung zu ihrer Zeit zu erfassen – nämlich als „junge Frau und unverheiratete Jungfrau". In ihrem Prozess sagte sie zwar aus, dass sie in ihrem Elternhaus Hausarbeiten erledigte, doch es gibt keine Belege dafür, dass sie nach ihrem Fortgang aus Domrémy und Aufbruch zu ihrer Mission – und somit nach der Annahme des Beinamens „la Pucelle" – in häuslichem Dienst stand. Es war, als legte sie eine Identität ab (die des Bauernmädchens, das von ihren Eltern aufgezogen worden war und das Hausarbeiten und andere

Aufgaben erfüllte, wie sie in einer mittelalterlichen Dorfgesellschaft üblich waren) und eine neue annahm (die Jungfrau, die Gottes Ruf folgt und als Soldatin und Anführerin für den rechtmäßigen König Frankreichs kämpft sowie die englischen Invasoren des Landes verweist). Mit dieser Mission nahm sie eine neue Identität, eine neue Rolle und einen neuen Titel an: „la Pucelle."

Den Aussagen der Zeugen zufolge, die sie in Domrémy kannten und an ihrem Rehabilitationsprozess teilnahmen, waren die Fähigkeiten, die Johanna als Soldatin und Kriegerin zeigte, in ihrer Zeit als Bauernmädchen nicht offensichtlich gewesen. Es muste eine Art Transformation stattgefunden haben, wie bei Abram, der auf Gottes Geheiß von Harran aufbrach und eine neue Mission (Vater einer großen Nation zu werden) sowie einen neuen Namen („Abraham") erhielt, der mit einer neuen Identität einherging. Die Verleihung eines neuen Namens, der mit einer neuen Mission und einer neuen Identität einhergeht, ist in der Heiligen Schrift weit verbreitet (etwa „Jakob" zu „Israel", „Simon" zu „Petrus", „Saulus" zu „Paulus"). Als „Jehanette" Domrémy verließ, wurde sie zu „Johanna la Pucelle" („Johanna, die Jungfrau"), die nie mehr die häuslichen Aufgaben und Pflichten ihres früheren Lebens ausführte.

Im Deutschen unterscheidet der Name „Johanna" nicht zwischen „Jehanette, dem Bauernmädchen und der Dorfbewohnerin" und „Jehanne der Soldatin-Heldin-Kriegerin", sondern wird sowohl für ihre Identität *vor* und *nach* ihrem Fortgang aus Domrémy verwendet. Aus den oben genannten Gründen und insbesondere im Kontext dieser Serie erscheint es jedoch angebracht, eine Unterscheidung zu treffen. Da im Deutschen keine Verniedlichungsform von „Johanna" für unsere Johanna verwendet wird, halte ich es für das Beste, die Unterscheidung anhand ihres Beinamens zu vollziehen. Daher werde ich in dieser Erzählung von ihr als „Johanna la Pucelle" sprechen. Diesen Titel hätten sie und Menschen ihrer Zeit sofort erkannt und korrekt verstanden und er schützt unfehlbar ihre Identität und ihr Selbstbild.

Diese Unterscheidung beizubehalten, erscheint aus einem weiteren Grund angebracht: Sie spiegelt nicht nur die Transformation wider, die in Johanna stattgefunden hat, sondern auch jene in mir und – so hoffe ich – in den Lesenden dieses Buches. Johanna ist eine bekannte historische Persönlichkeit und viele können etwas aus ihrem Leben erzählen (etwa, dass sie ein französisches Bauernmädchen war, das zum Ritter wurde; dass sie Schwert und Banner trug; dass sie auf dem Scheiterhaufen verbrannt wurde, weil sie den französischen König im Kampf gegen die Engländer unterstützt hat; etc.). Dies entsprach in etwa meinem Wissen, bevor ich mit der Recherche und diesem Buch begann. Doch im Laufe des Prozesses habe ich tiefen Respekt und eine regelrechte Verehrung für Johanna entwickelt.

Sie war keineswegs perfekt, allerdings auch erst 19 Jahre alt, als sie den Märtyrertod starb, und während ihres kurzen Lebens bewies sie bewundernswerte Charakterstärke und Entschlossenheit, die für die meisten von uns nur schwer oder gar nicht nachzuahmen wären. Ihre Integrität und ihr Heldenmut haben mich zutiefst beeindruckt und ich hoffe, dass die Leserin oder der Leser zu derselben Wertschätzung gelangt, sollte dies nicht ohnehin schon der Fall sein. In mir hat eine Transformation stattgefunden, von „Johanna, die ich früher kannte" zu „Johanna, als die ich sie nun kenne" – eine Transformation, die jene widerspiegelt, die in ihrem irdischen Leben von „Johanna vor ihrer Berufung und Mission" zu „Johanna, der heiligen Heldin, die Gottes Ruf folgt" stattgefunden hat.

Veränderungen können in einem bestimmten Moment erlebt werden, doch in den meisten Fällen handelt es sich um einen Prozess, der sich über einen längeren Zeitraum erstreckt und in gewisser Weise eine Reise darstellt. Ich hoffe, dass Sie dieses Buch als eine Reise des spirituellen Wachstums betrachten, die Johannas Weg zu Gott und in die Ewigkeit widerspiegelt, und wie in meinen anderen Büchern hoffe ich, dass Sie die letzten Seiten für persönliche Notizen und Gedanken nutzen. Vor allem aber hoffe ich, dass diese beiden Transformationen – (1) in unserem Verständnis und unserer Wertschätzung für Johanna, und (2) in unserem Wachstum in der Heiligkeit, die aus der Antwort auf den Ruf zur Heiligkeit entsteht – in jedem von Ihnen stattfinden.

~

Eine letzte Anmerkung: Ich möchte die Lesenden daran erinnern, dass es sich bei diesem Buch nicht um eine Biografie im engeren Sinne handelt, sondern um einen biografischen Bericht, der auf einer bescheidenen Menge an Recherchen basiert und dazu gedacht ist, *Reflexionen eines ungewöhnlichen Mönchs* zu folgen und einige der Ideen und Konzepte daraus zu übernehmen. *Die Mission der Jungfrau* ist das zweite Buch einer Reihe, die alle auf *Reflexionen eines ungewöhnlichen Mönchs* aufbauen. Es handelt sich dabei um Erzählungen von Männern und Frauen, in deren Leben die wesentlichen Aspekte des Heldenmuts und der christlichen Heiligkeit veranschaulicht werden. Das Hauptziel von *Die Mission der Jungfrau* besteht darin, *Johannas* Leben in ihrem historischen Kontext biografisch darzustellen und ihre Geschichte im Rahmen dieser Reihe zu erzählen.

Wichtige Daten
1302 bis 1920

1302   Papst Bonifatius VIII. erlässt *Unam Sanctum*
Schlacht von Bapheus

1303   Schlacht von Courtrai

1309   Beginn des avignonesischen Papsttums (1309–1377)

1312   Konzil von Vienne (1312–1314)

1322   Karl IV., König von Frankreich (r. 1322–1328)

1328   Philipp VI. de Valois, König von Frankreich (r. 1328–
1350), anstelle Eduards III. von England zum König
ernannt.

1329   Eduard III. erweist Philipp VI. Ehrerbietung für
Aquitanien.

1335   Errichtung des ersten päpstlichen Palastes in Avignon

1337   Beginn des Hundertjährigen Kriegs

1338   Osmanische Türken erreichen den Bosporus.

1340   Schlacht von Sluys

1346   Schlacht von Crécy
Engländer erobern Calais.

1347   Erster Ausbruch der Beulenpest in Europa

1414   Konzil von Konstanz (1414–1417) beendet das abendländische Schisma.

1415   Schlacht von Azincourt
Jan Hus wird hingerichtet.

1419   Beginn der Hussitenkriege (1419–1436)

1416   Johann Ohnefurcht, Herzog von Burgund, erkennt Heinrich V. als König von Frankreich an.

1418   Burgunder nehmen Paris ein

1419   Ermordung Johanns Ohnefurcht, Herzog von Burgund

1420   Mai: Vertrag von Troyes
August: Tod Heinrichs V. von England
Oktober: Tod Karls VI. von Frankreich
Heinrich VI., König von England (r. 1422–1461, 1470–1471)
Karl VII., König von Frankreich (r. 1422–1461)

1424   Schlacht von Verneuil

1428   Belagerung von Orléans
Johanna reist nach Vaucouleurs.

1429   Februar: Johanna reist nach Chinon.
Mai: Aufgabe der Belagerung von Orléans
Juni: Schlacht von Patay
Juli: Krönung Karls VII.
September: Französische Belagerung von Paris scheitert.

1430	Mai: Burgunder nehmen Johanna bei Compiègne gefangen.
1431	Januar: Johannas Prozess beginnt in Rouen. Mai: Johanna wird hingerichtet.
1431	Konzil von Basel (1431–1449)
1435	Vertrag von Arras
1436	Paris bekennt sich zu Karl VII.
1449	Franzosen gewinnen Rouen zurück.
1450	Gutenberg beginnt den Buchdruck.
1453	Juli: Schlacht von Castillon Ende des Hundertjährigen Krieges Osmanische Türken erobern Konstantinopel.
1456	Johannas Rehabilitationsprozess
1558	Engländer verlieren Calais.
1920	Johanna wird heiliggesprochen.

Teil Eins

Historischer Kontext

Meine Eingeweide, meine Eingeweide!
    Ich muss mich winden.
        Die Wände meines Herzens!
    Es tobt in mir mein Herz.
        Ich kann nicht schweigen.
Denn du, meine Seele, hörst den Schall des Horns,
    Kriegsgeschrei;
Zusammenbruch über Zusammenbruch wird
    ausgerufen.
Denn das ganze Land ist überwältigt.
    Plötzlich sind meine Zelte überwältigt,
        meine Zeltdecken in einem Augenblick.

Jeremiah 4,19–20

1

Karl, Dauphin von Frankreich (1428)

Im Jahr 1428 mussten Karl VII. und viele seiner Zeitgenossen den Eindruck gehabt haben, dass die vier berühmten apokalyptischen Reiter – Krieg, Hungersnot, Eroberung und Tod –, nachdem sie über ein Jahrhundert lang durch Europa gefegt waren, nun gemeinsam mit den Engländern vor den Mauern Orléans eine der wichtigsten Städte Frankreichs belagerten. 1425 war der berühmte und gefürchtete Duke of Bedfort, der jüngere Bruder des verstorbenen Königs Heinrich V. von England und Regent Frankreichs für seinen Sohn, den Kindkönig Heinrich VI. (1421–1471), in seine Heimat zurückgekehrt, um den internen Konflikt zwischen seinen Landsleuten beizulegen. Seine Abwesenheit hatte Karl jedoch keinen Vorteil gebracht. Seit März 1427 war Bedford zurück in Frankreich und verfolgte einen Plan, um den langwierigen Konflikt zwischen England und Frankreich, der 1337 begonnen hatte, zu beenden: Wenn er die Kontrolle über Orléans an der Loire erlangen und die Stadt als Basis für seine Feldzüge nutzen könnte, könnten er und seine Verbündeten aus Burgund den Widerstand der Dauphinisten brechen, die

Bestrebungen Karls, zum König Frankreichs gekrönt zu werden, unterbinden und so die Königswürde Frankreichs für den jungen Heinrich VI. von England festigen.

Für Karl war es von entscheidender Bedeutung, Orléans auf seiner Seite zu halten. Die Belagerungstruppe unter dem Earl of Salisbury war mit nur etwa viertausend Mann zwar klein, doch die Bedrohung war existenziell und eine Niederlage könnte vernichtend sein. Karl erwog, Zuflucht in Schottland zu suchen, doch in den ländlichen Gebieten kursierte die Prophezeiung über eine Jungfrau, die von Gott gesandt werden und den Kriegsverlauf zugunsten der Loyalisten wenden würde. Aus der Garnisonsstadt Vaucouleur wurde zudem von einer jungen Frau berichtet, die behauptete, im Auftrag Gottes dem Dauphin dabei helfen zu wollen, zum König gekrönt zu werden und die Engländer ein für alle Mal aus Frankreich zu vertreiben. Vielleicht fragte sich Karl, ob Gott durch diese Jungfrau endlich die Engländer sowie die vier Reiter aus Frankreich vertreiben und Frieden in das Land bringen wollte, das im vergangenen Jahrhundert mehr als genug Leid erfahren hatte.

2

Ein Jahrhundert der Sorgen
Der große Hunger (1315–1322)

Es war, als würde Europa auf die Katastrophe eingestimmt werden. Das Zusammentreffen einiger günstiger Umstände hatte vom 10. bis zum 13. Jh. in ganz Europa zu politischer Stabilität, verbesserter Landwirtschaft und einem Bevölkerungswachstum geführt. Das Feudalsystem war in den fünf Jahrhunderten seit der Auflösung des Weströmischen Reiches gereift und bot nun stabile herrschaftliche und soziale Strukturen. Die Kirche hatte sich ebenfalls zu einer Institution entwickelt und der Klerus war zu einer bedeutenden Größe aufgestiegen, der als spiritueller Arm die Führung des weltlichen Königs und des Adels ergänzte. Durch wärmeres Klima bei gleichzeitig ausreichendem Regen waren die landwirtschaftlichen Erträge gestiegen. Wälder wurden gerodet und Sümpfe trockengelegt, um weitere Flächen für die Landwirtschaft nutzbar zu machen.

Die gesteigerte Nahrungsmittelversorgung sowie politische und wirtschaftliche Stabilität trugen zu einer Bevölkerungsexplosion bei, die bis ins 14. Jh. anhielt. Zwischen 1000 und 1300 verdoppelte sich die Bevölkerungszahl Europas. Städte wuchsen, der Handel nahm zu, wodurch eben jene Städte noch wohlhabender wurden. In Europa bildete sich eine erste Mittelschicht heraus, die Zahl der Kaufleute sowie ihr Wohlstand nahmen zu und qualifizierte Handwerker schlossen sich zu Zünften zusammen und forderten eine Vertretung in den Stadträten. Schulen sowie Universitäten wurden gegründet und gewannen an Ansehen und Bedeutung, dazu wurden antike griechische und arabische Texte dank islamischer Gelehrter in Spanien zugänglich gemacht. Zwar wurde weiterhin Krieg geführt und es kam gelegentlich zu Nahrungsmittelknappheit und anderen Nöten, doch vom 10. bis ins 14. Jh. war die mittelalterliche Gesellschaft von Wachstum, Wohlstand, politischer sowie wirtschaftlicher Stabilität und einem gestiegenen Lebensstandard geprägt.

Dann schlug das Wetter um.

Anfang des 14. Jh. sanken die Temperaturen in Europa allmählich und es fiel mehr Regen. 1315 kam es zu einem außerordentlich nassen Frühling, wodurch Felder nicht gepflügt werden konnten. Wenn es dennoch gelang, ertränkten die Regenfälle die Aussaat und ließen die Keimlinge verfaulen. Dies führte zu einem dramatischen Rückgang der verfügbaren Nahrungsmittel. Die Tiere litten ebenso wie die Menschen, und die Viehbestände wurden durch Hunger und Krankheiten dezimiert. Die Menschen ernährten sich von Jagdgut oder Gesammeltem und verzehrten ihr Vieh oder die Aussaat für das kommende Jahr. Die Regenfälle hielten 1316 an und ließen im Sommer 1317 schließlich nach, doch Teile Europas waren überflutet, insbesondere nahe den Küstengebieten. Dies führte dazu, dass ganze Bevölkerungsgruppen auf der Suche nach Nahrung und Arbeit durch das Land und in die Städte zogen. Die Winter blieben für mindestens ein weiteres Jahrzehnt ungewöhnlich kalt, und die Ostsee fror mindestens zweimal zu. Teile der Nordsee waren ebenfalls zugefroren.

Bis 1325 hatte sich die Nahrungsmittelversorgung einigermaßen erholt, aber die Folgen des „großen Hungers", wie er später genannt wurde, hielten für die europäische Gesellschaft über Jahrzehnte an und die Auswirkungen wurden durch Kriege lediglich verschlimmert. Jene, die bis 1325 nicht verhungert waren, litten unter Mangelernährung und einem geschwächten Immunsystem. Dadurch wurden sie anfällig für Krankheiten, was verheerende Folgen haben sollte, als 1347 die Beulenpest in Europa ausbrach.

3

Ein Jahrhundert der Sorgen
Der Hundertjährige Krieg (1337–1347)

Als Herzog Wilhelm von der Normandie nach dem Tod des letzten angelsächsischen Königs, Eduard des Bekenners, Anspruch auf die englische Krone erhob und anschließend seinen Rivalen, Harold Godwinsson, am 14. Oktober 1066 bei der Schlacht von Hastings besiegte, entwickelte sich eine komplizierte Beziehung zwischen den Königen von England und Frankreich. Der König von England wurde durch seine Lehnsgüter in Frankreich zum Vasallen des Königs von Frankreich, was zu einer angespannten Situation führte, die fast zwei Jahrhunderte andauerte. Die Spannungen zwischen den Monarchen erreichten jedoch einen Höhepunkt, als 1154 Heinrich Plantagenet – als Herzog der Normandie, Graf von Anjou sowie Herzog von Aquitanien Vasall des Königs – als Heinrich II. König von England wurde. Die Situation wurde dadurch erschwert, dass Heinrich die kürzlich vom französischen König geschiedene Eleonore heiratete, um das Herzogtum Aquitanien zu erlangen.

Der darauffolgende, hundert Jahre anhaltende Machtkampf gipfelte 1259 im Vertrag von Paris. Zu diesem Zeitpunkt hatte Heinrich III. von England bereits einen Großteil des Landes verloren, das einst im Besitz seiner Vorgänger gewesen war. Der Streit setzte sich jedoch unter ihren königlichen Nachfolgern fort, auch wenn er durch den Vertrag von Amiens im Jahr 1279 und den Vertrag von Paris im Jahr 1286 teilweise beigelegt wurde. Die Frage der Herrschaft über das Herzogtum Guyenne sorgte jedoch weiterhin für Unruhe und zuweilen offene Feindseligkeit. Philipp IV., genannt „der Schöne", (reg. 1285–1314) nahm zwischen 1294 und 1297 einen Großteil von Guyenne in Besitz, in den Jahren 1324 und 1325 wurde das Herzogtum erneut von Charles de Valois erobert.

Als Reaktion darauf ernannte Eduard II. von England seinen 13-jährigen Sohn Eduard 1325 zum Herzog von Guyenne. Nachdem der König jedoch 1327 von seiner Gattin Isabelle sowie deren Liebhaber Mortimer ermordet worden war, wurde der junge Eduard König. Zum Zeitpunkt der Thronbesteigung war er erst 15 Jahre alt und die eigentliche Macht lag bei Königin Isabella und Roger de Mortimer. Erst 1330 war der inzwischen 18-jährige Eduard III., der unter der Kontrolle der Königsmutter und deren Liebhabers gelitten hatte, imstande, eigenständig zu regieren. Eduard ließ Mortimer hängen und seine Mutter in einer Burg festsetzen.

Zwei Jahre zuvor war der letzte kapetingische König von Frankreich, Karl IV., ohne männlichen Erben gestorben. Seine

Frau Johanna war zum Zeitpunkt seines Todes zwar schwanger, gebar jedoch eine Tochter, sodass die kapetingische Linie endete. Der damals 16-jährige Eduard III. war Karls Neffe und Sohn dessen Schwester Isabelle, die die Tochter von König Philipp IV. gewesen war. Isabelle, Mortimer sowie deren Berater nutzten dies als Rechtfertigung, um im Namen Eduards den Thron zu beanspruchen. Dies war für die französischen Barone jedoch völlig inakzeptabel und anstelle von Eduard wählten sie Karls Vetter Philipp, den Herzog von Valois (Philipp VI., reg. 1328–1350), der bis zur Niederkunft Johannas als Regent fungiert hatte, zum König. Zu dieser Zeit gab es keine spezifischen Regeln für die Thronfolge in Frankreich durch weibliche Nachkommen, doch die französischen Adeligen wollten weder von Königin Isabelle und deren Geliebten Mortimer, noch durch den König eines anderen Reiches regiert werden. Der 35-jährige Philipp war 20 Jahre älter als Eduard und einer der ihren. Mit seiner Thronbesteigung begann die Dynastie der Valois, die bis 1589 13 Könige stellen sollte.

Der junge Eduard III., der 1328 noch unter der Kontrolle von Isabelle und Mortimer stand, wurde 1329 gezwungen, Guyenne in einer Zeremonie in Amiens seine Ehrerbietung zu erweisen. Nachdem Eduard Isabelle und Mortimer 1330 entmachtet und die zivilen Unruhen durch Mortimers Anhänger unter Kontrolle gebracht hatte, marschierte er auf die Stadt Berwick in Schottland zu und besiegte 1334 die schottische Armee bei Halidon Hill. In seinen Reihen kämpften neben in der Kriegsführung ausgebildeten Rittern gewöhnliche Fußsoldaten als Bogenschützen.

Eduards Bogenschützen waren mit einer revolutionären Waffe ausgerüstet, dem Langbogen, der den Engländern in den darauffolgenden hundert Jahren zu überwältigenden Siegen über die Franzosen verhelfen und das Kräfteverhältnis zu ihren Gunsten verschieben sollte. Die Waliser hatten mit den Bögen im Dienste Eduards I. gekämpft und er entwickelte sie für den Einsatz in den schottischen Highlands weiter.

Der Langbogen war eine revolutionäre Entwicklung in der Waffengeschichte, vergleichbar mit dem ägyptischen Streitwagen, der griechischen Sarissa, dem römischen Gladius, dem Steigbügel und der Kanone. Die Ausbildung eines Langbogenschützen dauerte Jahre, doch ein geschickter Schütze konnte sechs bis zwölf Pfeile pro Minute abschießen. Diese hatten eine Reichweite von 200–300 Metern und konnten Rüstungen durchdringen, was gewöhnlichen Fußsoldaten einen Vorteil gegenüber Rittern verschaffte. Der Langbogen war besonders effektiv gegen berittene Ritter, da die Pfeilsalven auf ihre Pferde niederprasselten und die Tiere dadurch töteten, kampfunfähig machten oder in Panik versetzten.

Die Franzosen setzten keine Langbogen-, sondern Armbrustschützen ein, deren übliche Schussfrequenz bei lediglich zwei Bolzen pro Minute lag. Die Schlacht bei Halidon Hill war eine Vorausschau auf die Schlachten, die während des Hundert-jährigen Krieges in Frankreich ausgefochten werden sollten und in denen der Langbogen eine entscheidende Rolle bei den verheerenden Niederlagen Frankreichs spielen würde.

Um 1325 wurde erstmals Schießpulver auf dem Schlachtfeld eingesetzt, doch die ersten Kanonenmodelle waren unzuverlässig, gefährlich in der Handhabung und im Allgemeinen ineffektiv. Es würde noch weitere hundert Jahre dauern, bis sich die Kanonenkunst weiterentwickelte, doch sobald Kanonen gegen Steinmauern, Burgen und ummauerte Befestigungsanlagen von Städten eingesetzt werden konnten, wurden letztere obsolet. 1375 setzten die Franzosen bei der Belagerung einer Festung an der normannischen Küste 40 Kanonen ein. Ihre Geschütze konnten die Befestigungen nicht zum Einsturz bringen, doch das Bombardement zwang die englische Garnison schließlich zur Kapitulation. In der Schlacht von Castillon 1453 setzten die französischen Streitkräfte erstmals in großem Umfang Feldartillerie ein, was für die Engländer verheerende Auswirkungen hatte.[2] Im selben Jahr wurden die einst als uneinnehmbar geltenden Mauern Konstantinopels von den osmanischen Türken mithilfe der größten jemals geschmiedeten Kanonen durchbrochen. Ohne die Entwicklung solch überlegener Kanonen wäre die Stadt womöglich heute noch nach ihrem Gründer benannt und ihre Bewohner würden immer noch vornehmlich Griechisch sprechen.

1336 segelte Philipp mit der französischen Flotte in den Ärmelkanal und drohte mit einer Invasion. 1337 konfiszierte er das Herzogtum Guyenne, woraufhin Eduard in einem Brief an Philipp vom 7. Oktober 1337 sein Recht auf den französischen

---

[2] Castillon markierte das Ende des Hundertjährigen Krieges.

Thron geltend machte. So begann ein Krieg mit zahlreichen Schlachten zwischen England und Frankreich, der mehr als ein Jahrhundert andauern sollte.

Während Historiker den Beginn des Hundertjährigen Krieges üblicherweise auf das Jahr 1337 datieren, lassen sich die Ursprünge des Konflikts bis zur Schlacht von Hastings im Jahr 1066 zurückverfolgen. Die erste Phase dieses 116 Jahre andauernden Konflikts erstreckte sich über die gesamte Regierungszeit Eduards III. bis zu seinem Tod im Jahr 1377. Zu diesem Zeitpunkt hielt England trotz aller militärischen und diplomatischen Bemühungen Eduards nur wenige territoriale Besitztümer in Frankreich.

Diese erste Phase begann mit Seeschlachten und Eduards Bestrebungen, Verbündete in Europa zu gewinnen. Zunächst bemühte er sich um ein Bündnis mit Flandern, doch Ludwig I., Graf von Nevers, war ein Vasall Philipps VI. von Frankreich und wollte seinen Herrn nicht verraten. Eduard wandte sich stattdessen an Jacob van Artevelde, einen wohlhabenden Braumeister aus Gent, mit dem er 1340 ein Bündnis schloss. Eduard verhängte daraufhin ein Embargo auf englische Wolle für die Städte Flanderns. Die Textilindustrie Flanderns war in hohem Maße abhängig von diesen Importen, sodass dies zu großen wirtschaftlichen Schäden führte. Unter der Führung von Artevelde rebellierten die Kaufleute 1340 gegen Ludwig und erkannten Eduards Anspruch auf die Königswürde Frankreichs an. Im selben Jahr nahm Eduard offiziell den Titel des Königs von Frankreich an.

Eduard hatte in seinem Kampf gegen Philipp viele von Englands Ressourcen verbraucht und sah sich gezwungen, seine Krone zu verpfänden und seine Frau sowie Kinder als Pfand für ein Darlehen in Gent zu lassen. Mit den Mitteln sollte der nächste Feldzug gegen Frankreich finanziert werden. Er marschierte mit der englischen Armee und unterstützt von den flämischen Verbündeten in Frankreich ein und zwang Philipp durch Plünderungen und Massakern an der französischen Zivilbevölkerung in die Schlacht. Philipp, der zu dieser Zeit als großer Kriegsherr galt, marschierte mit einer französischen Armee nach Norden, um Eduard entgegenzutreten. Doch nachdem Philipp zunächst die Schlacht angenommen hatte, zog er seine Truppen ab. Eduard verschwendete Zeit und Geld in seinem Streben nach einem entscheidenden Sieg und verlor allmählich den Rückhalt seiner flämischen Verbündeten. Er segelte zurück nach England und bat das Parlament, neue Steuern zu erheben. Das Parlament zögerte, tat dies jedoch mit einigen Zuge-ständnissen, da die Gefahr einer Invasion durch die französische Flotte drohte, die am Hafen von Sluis stationiert war und zu der sich nun kastilische und genuesische Schiffe gesellten.[3] Eduard konzentrierte sich daraufhin auf eine Konfrontation auf See.

---

[3] Eine der unbeabsichtigten Folgen dieser Ereignisse war, dass das Parlament mehr Macht in Fragen der Besteuerung erhielt.

Unter dem Kommando des Königs höchstpersönlich stach am 22. Juni 1340 eine kleine Flotte englischer Koggen mit Langbogenschützen und bewaffneten Männern an Bord in See. Am darauffolgenden Tag segelte sie geradewegs in die größere französische Flotte im Hafen von Sluis hinein und besiegte sie. Die englischen Bogenschützen erwiesen sich auf See als ebenso effektiv wie an Land. Doch obwohl die Schlacht von Sluis England einen glorreichen Sieg einbrachte, war sie lediglich von geringer strategischer Bedeutung. Eduard wurde weiterhin durch mangelnde Geldmittel eingeschränkt, da viele seiner Untertanen sich weigerten, die vom Parlament zu diesem Zweck erhobene Steuer zu zahlen. Zudem konnte er seinem Sieg zu Wasser keinen an Land folgen lassen, da Philipp sich klugerweise weigerte, in die Schlacht zu ziehen, als Eduard an der Spitze seiner Armee erneut in Frankreich einmarschierte. Als seine Verbündeten sich allmählich zurückzogen und er keine entscheidende Schlacht erzwingen konnte, stimmte Eduard 1340 widerwillig dem Waffenstillstand von Esléchin zu, den er lediglich als Atempause betrachtete, um Ressourcen für einen weiteren Versuch, den französischen Thron zu besteigen, zu sammeln.

Eduards finanzielle Probleme wirkten sich auf weitere Aspekte der europäischen Wirtschaft aus und führten zu teils verheerenden Folgen. Die Einnahmen aus der Wollsteuer reichten ihm nicht aus, was dazu führte, dass er die ihm gewährten Kredite nicht zurückzahlen konnte. Dies trieb die florentinischen Bankhäuser Bardi und Peruzzi in den Ruin, was wiederum der dortigen Wirtschaft verheerenden Schaden zufügte. Hätte Eduard die vollen Kosten des Krieges tragen müssen, so wären seine Hoffnungen auf den französischen Thron zunichte gewesen. Womöglich hätte dies die territorialen Ambitionen zukünftiger englischer Könige in Frankreich unterbunden. Doch Eduards Gier nach Landbesitz und dem Thron war nicht gestillt und so plante er bereits seinen nächsten Schachzug gegen Philipp.

Mit neuen Subventionen, die das Parlament 1345 bewilligte, stellte Eduard ein weiteres Heer sowie eine Flotte zusammen und landete im Juli 1346 mit 15 000 Mann, darunter 4 000 Bogen-schützen, in Frankreich. Unter seinen Truppen befand sich auch sein 15-jähriger Sohn Eduard of Woodstock, Prince of Wales, der in der Geschichte als der Schwarze Prinz bekannt ist. Eduards Armee verwüstete die normannischen Lande, plünderte und nahm Geiseln.

Philipp hatte zuvor ein Heer unter der Führung seines Sohnes Johann von der Normandie nach Guyenne geschickt, damit dieser sich mit Eduards Vetter Heinrich, dem Duke of Lancaster, auseinandersetzte. Johann belagerte gerade die Stadt Aiguillon, als Eduard in die Normandie eindrang. Philipp stellte ein weiteres Heer zusammen und marschierte Eduard entgegen. Dieser versuchte, Philipp auszuweichen und sich seinen flämischen Verbündeten anzuschließen, als Philipp die Engländer am 25. August in Crécy, nahe der Somme, einholte. Beide Heere bereiteten sich auf eine Schlacht vor.

Eduard hatte den Vorteil der Geländewahl und er wählte klug. Seine Armee war auf einer Anhöhe positioniert, wobei die rechte

Flanke von einem Fluss und die Rückseite von einem Wald geschützt wurde. Am 26. August wurde Philipp von seinen Befehlshabern wider besseres Wissen zum Angriff gedrängt. Der König zögerte, da seine Truppen noch nicht bereit waren, doch die Überheblichkeit des französischen Adels bei Crécy im Jahr 1346 sollte sich nochmals 1356 in Poitiers und 1415 Azincourt zeigen. Jedes Mal folgte auf die Hybris der Untergang.

Die Formation der französischen Ritter stürmte den Hügel hinauf, doch die englischen Bogenschützen ließen Pfeile auf die Angreifer herniederprasseln. Diejenigen, die es auf die Anhöhe schafften, trafen auf einigermaßen ausgeruhte englische Soldaten, die sie zu Dutzenden niedermetzelten. Am Ende des Tages hatten die Engländer weniger als hundert Mann verloren, während das Feld mit tausenden französischen Rittern und Adeligen übersät war.

Der Sieg war errungen und die Folgen waren verheerend, auch wenn Crécy strategisch nicht entscheidend war. Das Vertrauen in den französischen König schwand, ebenso das Ansehen des Adels, nachdem die einst als Elitekrieger geltenden Männer von einfachen Fußsoldaten niedergemetzelt worden waren. Die Besteuerung wurde schwieriger und die veränderte Haltung der Bevölkerung gegenüber dem König und dem Adel wurde durch den Ausbruch der Pest im Jahr 1347 weiter verstärkt.

Die Schlacht von Crécy festigte den Platz der Langbogenschützen in der Geschichte der Kriegsführung. Doch trotz seines Sieges verfolgte Eduard den geschlagenen Gegner nicht und marschierte auch nicht nach Paris. Seine Truppen benötigten Rast und so marschierte er nach Calais und belagerte die Stadt beinahe ein Jahr lang, bevor sie sich im August 1347 aus Mangel an Vorräten endgültig ergab. Philipp entsandte ein Heer, um die Stadt zu verteidigen, doch nun war es Eduard, der die Schlacht verweigerte, und Philipp konnte nicht mehr tun, als sein Heer nach Hause zu führen.

Durch die Belagerung erhielt Eduard zwar eine ummauerte Stadt und damit einen Brückenkopf in Europa, die Maßnahme war jedoch mit hohen Kosten für Personal und Versorgung verbunden gewesen. Beiden Königen fehlten die Mittel, um weiterhin aktiv Krieg zu führen, und als schließlich der Schwarze Tod wütete, wurde ein Krieg unmöglich. Es ist bemerkenswert, dass Eduard in dieser Phase des Krieges nach einem bedeutenden Seesieg und einer ebenso beeindruckenden Landschlacht außer der Einnahme der ummauerten Hafenstadt Calais keine nennenswerten strategischen Vorteile erlangen konnte.

4

Ein Jahrhundert der Sorgen
Der Schwarze Tod (1347–1351)

Die Beulenpest, deren Ursprung in Asien liegt, wurde von einer mongolischen Armee unter Kahn Jani Beg in die genuesische Handelsstadt Kaffa (heute Feodossija) auf der Krim eingeschleppt. Die Mongolen belagerten Kaffa, mussten die Belagerung jedoch aufgrund des Pestausbruchs in ihren Reihen beenden. Die mongolische Armee zog vom Schwarzen Meer nach Russland und Indien und nahm die Pest mit sich. Bevor sie jedoch Kaffa verließen, katapultierten sie infizierte Leichen hinter die Stadtmauern, wodurch die Bevölkerung erkrankte. Die genuesischen Händler brachten mit ihren Galeeren die Pest nach Konstantinopel und in die Mittelmeerhäfen Siziliens und Italiens. Von dort aus breitete sie sich über einen Zeitraum von vier Jahren in ganz Europa aus und tötete von 1347 bis 1351 ein Drittel der Bevölkerung (20–25 Millionen in Europa und ebenso viele in Asien und Afrika). Schließlich klang die Epidemie in den skandinavischen Ländern aus. 1361–63 kam es zu weiteren Ausbrüchen (wobei etwa zehn Prozent der europäischen

Bevölkerung getötet wurden), ebenso 1369–71, 1374–75, 1390 sowie 1400.

Während damals viele Menschen glaubten, die Pest sei von Gott als Strafe für Sünden geschickt worden, so wissen wir heute, dass das Bakterium *Yersinia pestis* Flöhe infizierte, die wiederum die Pest auf Ratten übertrug. Wenn die Ratte als Wirt starb, wanderten die Flöhe zum nächsten Tier. Der Biss eines Flohs oder einer Ratte reichte aus, um die Krankheit auf Menschen und andere Tiere zu übertragen, daneben konnten die Bazillen auch durch Tröpfcheninfektion (d. h. Niesen oder Husten) von Mensch zu Mensch übertragen werden. Einmal infiziert, ereilte der Tod das Opfer binnen Tagen, manchmal Stunden – etwa zehn Prozent der Erkrankten überlebten die Infektion jedoch. Die Pest richtete in jedem Gebiet, in dem sie sich ausbreitete, binnen eines Jahres erheblichen Schaden an und tötete für gewöhnlich ein Drittel der Bevölkerung. Einige Dörfer und Städte wurden vollständig ausgelöscht, andere, die keine umfangreichen Handelsbeziehungen unterhielten, blieben weitgehend verschont.

Der Schwarze Tod[4] führte zu dramatischen und dauerhaften Veränderungen in der europäischen Gesellschaft. Die Menschen im Mittelalter waren tief religiös, viele verloren jedoch das Vertrauen in die Kirche, die völlig machtlos wirkte und es nicht vermochte, die Ansteckungen und den Tod einzudämmen. Einige Priester verließen ihre sterbenden Gemeindemitglieder und deren

---

[4] Im Mittelalter wurde dieser Begriff nicht verwendet, vielmehr sprach man von der Pest.

Familien aus Angst vor einer Ansteckung, während ganze Klöster und Konvente ausgelöscht wurden. Die Gebete der Glaubensbrüder und -schwestern hatte nicht einmal deren eigene Leben retten können. Papst Clemens VI. rief 1350 ein heiliges Jahr aus und lud Pilger nach Rom ein, um dadurch Gottes Zorn zu besänftigen. Doch die Pest wütete unter den Pilgern und ließ den Papst schwach und unfähig erscheinen. Gebete, Opfer, Segnungen, Prozessionen, Geißelungen sowie lange Mahnwachen schienen Gott dazu zu bewegen, das Leid zu lindern. Der Aberglaube nahm zu und gläubige Christen, die an der Wirksamkeit der Gebete an die Heiligen zweifelten, wandten sich Volksheilmitteln und Amuletten zu. Die spirituelle Macht der Kirche, einst Quelle der Hoffnung und der Kraft, erschien nun als Illusion. Diese veränderte Einstellung zur Kirche und zur Religion sollte über den Ausbruch der Pest hinaus anhalten.

Durch die hohe Zahl an Todesopfern wurde die Arbeit der Überlebenden umso wertvoller. Vor der großen Hungersnot 1315–1322 war die Bevölkerung Europas über drei Jahrhunderte hinweg stetig gewachsen, sodass aufgrund des Überangebots an Arbeitskraft die Löhne niedrig geblieben waren. In den Jahren nach 1350 veränderte sich der Arbeitsmarkt jedoch dramatisch, da die Nachfrage nach landwirtschaftlichen Erzeugnissen aufgrund der schwindenden Bevölkerungszahl sank und der Wert qualifizierter Arbeiter stieg. Leibeigene verließen ihre Herren, um in den Städten und Dörfern Arbeit zu finden, und der Wert von Land sank, da die Produktivität aufgrund geringerer Bewirtschaftung zurückging. Der Adel nutzte seine politische

Macht, um Gesetze zu erlassen, die die Bewegungsfreiheit der Leibeigenen einschränkten und die Höhe der Löhne auf dem Niveau vor dem Pestausbruch einfroren. Dies führte in weiten Teilen zu Ressentiments, die schließlich 1358 zur Jacquerie und zum Bauernaufstand von 1381 in England führten.

Zudem waren dicht besiedelte Gebiete am stärksten von der Pest betroffen, dort starben viele qualifizierte Handwerker. Sie wurden durch Leibeigene ersetzt, die vom Land zuwanderten. Während die Nachfrage und die Preise für Waren und Luxusgüter hoch blieben, war die Qualität der Ausführung jedoch minderwertig. Dennoch floss der Reichtum in die Städte und weg vom Landadel, wodurch dieser an Macht verlor. Dies befeuerte eine aufstrebende Mittelschicht und trug zum Klassenkonflikt zwischen Adeligen und Arbeitern sowie Kaufleuten und Handwerkern bei.

Obwohl die Kirche an Ansehen verlor, weil es ihr nicht gelang, die Pest einzudämmen, wurde sie durch testamentarische Schenkungen von Land und anderen Besitztümern ihrer Gläubigen wohlhabender. Eine wohlhabendere Kirche war jedoch nicht unbedingt eine heiligere und dieser zunehmende Wohlstand würde sich in Zukunft auf die Beziehung der Kirche zu den mächtigen Monarchen Europas auswirken. Trotz des zunehmenden Wohlstands der Kirche tobte die Pest in engen Gemeinschaften am schlimmsten, was für Klöster und Konvente sowie für Priester, die bei ihren Gläubigen blieben, besonders verheerend war. Die Kirche hatte nicht nur an Respekt verloren, sondern auch viele Mitglieder, was sie in zukünftigen Konflikten mit mächtigen Monarchen schwächen sollte, die zudem von der schwindenden Macht des Adels und der steigenden der Städte profitierten. Die zunehmende Macht der Könige auf Kosten des Adels und der Kirche bedeutete eine geringere Zersplitterung in der Gesellschaft und eine stärkere Zentralisierung der Macht und führte schließlich zur Bildung moderner Nationalstaaten.

Die durch den Schwarzen Tod verursachten politischen und sozialen Veränderungen machten die Pest zu einem Wendepunkt in der europäischen Geschichte. Selten kommt es zu Ereignissen, die die Welt beinahe über Nacht veränderten, doch der Schwarze Tod war eines davon und läutete mehr als alles andere das Ende des Mittelalters ein.

Die Veränderungen fielen auch mit dem Beginn dessen zusammen, was wir heute als Renaissance bezeichnen. Historiker unterscheiden zwischen der Südlichen bzw. italienischen Renaissance, die etwa in der Mitte des 14. Jh. einsetzte, und der Nördlichen Renaissance, die etwa ein Jahrhundert später begann. Der Humanismus und andere Ideen der Renaissance in Bezug auf Religion, Obrigkeit, Wirtschaft und Nationalbewusstsein wirkten synergetisch mit dem Naturphänomen der Pest und ihren Folgen, sodass feudale Konzepte infrage gestellt und der Übergang von der mittelalterlichen in die moderne Welt eingeläutet wurden.

London

ENGLAND

Ärmelkanal

FLANDERN

Calais

Crécy

HL.
RÖM.
REICH

Rouen

NORMANDIE

Reims

Seine

BRETAGNE

Paris

ANJOU

Loire

Orléans

Troyes

BURGUND

POITOU

Nevers

1360

Poitiers

AQUITANIEN

DAUPHINÉ

Bordeaux

Garonne

GUYENNE

ARMAGNAC

GASCOGNE

Toulouse

LANGUEDOC

Avignon

NAVARRA

Mittelmeer

ARAGON

5

Ein Jahrhundert der Sorgen
Der Hundertjährige Krieg (1355–1413)

Es sollte viele Jahre dauern, bis sich Europa vom Schwarzen Tod erholt, doch die Ambitionen Eduards III. auf den französischen Thron, oder zumindest nach größeren Besitztümern in Frankreich, wurden selbst durch eine der verheerendsten Katastrophen Europas nicht geschmälert. Philipp VI. starb 1350, auf ihn folgte sein Sohn, der Herzog der Normandie, der als Johann II. gekrönt wurde. Johann verprellte prompt den Adel, indem er einen beliebten Edelmann, den Grafen von Eu, der gerade erst aus der Gefangenschaft in England zurückgekehrt war, hinrichten ließ und seine Funktion als Connétable von Frankreich mit seinem engen Vertrauten Karl von Spanien besetzte. Als Nächstes versuchte er, seine finanziellen Probleme dadurch zu lösen, dass er den ohnehin bereits niedrigen Wert der im täglichen Zahlungsverkehr verwendeten Münzen weiter senkte, was für den Durchschnittsbürger stärkere wirtschaftliche Folgen hatte als für die Reichen. Johann übertrug zudem dem neuen Connétable die Grafschaft Angoulême, die zum Gebiet Karls von Navarra gehörte. Als Entschädigung für den Verlust bot Johann Karl seine achtjährige Tochter zur Braut an, verweigerte dann jedoch die Mitgift. Aus Rache ließ Karl II., auch genannt „der Böse", Charles de la Cerda ermorden.

Neben Navarra besaß Karl auch Lehen in der Normandie und in Zentralfrankreich, was ihn zu einem mächtigen Verbündeten machte, und mit der Ermordung Charles de la Cerda zog er andere unzufriedene Adlige an seine Seite. Um den Druck auf Johann II. zu erhöhen und um seine territorialen Besitztümer zu schützen und zu erweitern, nahm Karl mit Eduard Verhandlungen über ein Bündnis auf. Eduard konnte sich jedoch keine weiteren militärischen Feldzüge leisten und sah sich sowohl mit dem Widerstand des Parlaments als auch dem des gemeinen Volkes konfrontiert, das es leid war, einen Krieg zu unterstützen, der weder profitabel war, noch in absehbarer Zeit enden würde. Johann II. war ebenfalls durch unzureichende Mittel und die mögliche Illoyalität Karls von Navarra eingeschränkt, daher musste er seinen Stolz überwinden und sich 1354 öffentlich mit ihm versöhnen. Durch die Vermittlung des Papstes nahmen Eduard und Johann Friedensverhandlungen auf, die jedoch scheiterten, weil der ausgearbeitete Vertrag als zu vorteilhaft für die Engländer angesehen wurde.

Karl trat erneut an Eduard heran, um ein Bündnis zu schließen, stritt es jedoch gegenüber dem Papst energisch ab. Eduard erklärte dem Parlament und dem englischen Volk erneut, dass die Franzosen ihm Unrecht getan hatten, und es gelang ihm, genügend Geld für einen weiteren Feldzug auf dem Kontinent aufzubringen. Der Waffenstillstand endete und 1355 führten die Engländer zwei Heere nach Frankreich. Das erste wurde vom Sohn des Königs, Eduard, Prince of Wales und frisch ernannter Duke of Guyenne, angeführt, das andere von Heinrich, Duke of Lancaster. Das Heer des Prinzen verwüstete einen Landstrich von Bordeaux bis Narbonne; ein Feldzug, der nur als mittelalterliche Version von Terrorismus bezeichnet werden kann. Es ging dabei vordergründig darum, den Willen des französischen Volkes zu brechen, Ressourcen zu vernichten, die zur Kriegsführung genutzt werden konnten, und Unmut gegen Johann II. zu schüren, um diesen zu einem für die Engländer günstigen Friedensschluss zu zwingen. Das Heer unter Lancaster traf nahe Amiens auf Johanns Armee, zu einer Schlacht kam es jedoch nicht.

1356 zogen die Engländer erneut mit zwei Armeen ins Feld, doch Johann ließ die Brücken über die Loire niederbrennen und verhinderte dadurch, dass sich die beiden Armeen vereinigten. Er marschierte mit einem Heer auf Lancaster zu und vertrieb ihn. Dann wandte er sich nach Süden, um Eduard entgegenzutreten, und holte ihn schließlich nahe Poitiers ein. Johann war zu seiner Zeit nicht als fähiger Kriegsherr bekannt, doch sein Heer war größer als Eduards. Der Papst entsandte einen Vertreter, um zwischen den beiden Seiten zu vermitteln, und es wurde ein Waffenstillstand für einen Tag (Sonntag) ausgerufen, der den Engländern Zeit gab, ihre Verteidigungsposition zu verbessern. Eduard bot erhebliche Zugeständnisse an, doch die

Verhandlungen scheiterten, als ihm mitgeteilt wurde, dass er sich selbst ausliefern müsse. Beide Seiten rüsteten sich für den Kampf am nächsten Tag.

Das französische Oberkommando war unschlüssig, ob es die Engländer belagern oder eine Schlacht auf dem Feld erzwingen sollte. Entgegen dem Rat einiger seiner Berater entschied sich Johann für die Schlacht. Strategisch wäre es klüger gewesen, die Engländer einzukesseln und auszuhungern, aber eine Schlacht galt in der mittelalterlichen Denkweise als ehrenvoller als ein Belagerungskrieg. Am Montag, dem 19. September, lieferten sich die beiden Armeen einen tagelangen Kampf, der der Schlacht von Crécy ähnelte und mit einer ebenso vernichtenden Niederlage für die Franzosen endete. Hinzu kam zum Unglück der Franzosen, dass Johann II. in die Gefangenschaft des Königs von England geriet.

Frankreich war in seinen Grundfesten erschüttert. Der Unmut der Bürger gegen den König und den Adel übertraf nach Poitiers noch den nach Crécy. Viele wichtige Adlige waren zusammen mit dem König gefangen genommen worden und wurden erst gegen ein Lösegeld freigelassen, das zum großen Teil durch die Arbeit der Bauern bezahlt werden sollte. Die Zentralregierung, die nun von dem 18-jährigen Dauphin geführt wurde, war völlig durcheinandergeraten und die Engländer konnten mit hohen Forderungen in die Verhandlungen gehen. Zum Zwecke ebendieser wurde ein Waffenstillstand von zwei Jahren vereinbart. Söldnerheere, bestehend aus beschäftigungslosen Soldaten aus verschiedenen Teilen Europas, die sogenannten Grandes Compagnies[5], blieben in Frankreich, zogen plündernd durch die Lande und richteten Not und Elend an. Zu allem Übel entkam Karl von Navarra, der 1356 von Johann gefangen genommen worden war, im September 1357 und verschwor sich gegen Karl den Dauphin, um König zu werden.

In ihrer Verzweiflung erhoben sich im Mai 1358 die französischen Bauern, sie litten sowohl unter der hohen Steuerlast als auch unter den Plünderungen der Grandes Compagnies. Einige Bauern begingen dabei Gräueltaten, die noch schlimmer waren als jene der Plünderer. Die Revolte der Jacquerie wurde jedoch bald vom Adel niedergeschlagen und Karl der Böse, der dazu erheblich beigetragen hatte, verschwor sich erneut mit dem König von England, während weiterhin die Verhandlungen mit Johann II. und der französischen Regierung geführt wurden.

Ein Friedensvertrag wurde vorgeschlagen, doch von seiner Gier getrieben schlug Eduard ihn aus. Im März 1359 brachte er einen Gegenvorschlag ein, der jedoch von den französischen Generalständen abgelehnt wurde. Dies nahm Eduard zum Vorwand für eine weitere Invasion Frankreichs. Zu diesem Zeitpunkt war er mit Karl von Navarra verbündet. Doch als Karl erfuhr, dass Eduard sich zum König von Frankreich krönen lassen wollte, wechselte er die Seiten und schloss im August 1359 Frieden mit dem Dauphin.

---

[5] *Écorcheurs*, Räuber, Freibeuter, Plünderer, „Flößer".

Eduard landete in Calais und marschierte nach Süden, um den Dauphin und seine Armee in eine Schlacht auf offenem Feld zu locken, doch der Dauphin weigerte sich. Der Feldzug endete 1360 mit dem Vertrag von Brétigny, in dem Eduard auf seinen Anspruch auf den französischen Thron verzichtete und im Gegenzug erweiterte territoriale Besitztümer erhielt, über die er in voller Souveränität herrschen konnte. Das Lösegeld für Johann wurde auf drei Millionen Goldkronen festgesetzt und er durfte nach Frankreich zurückkehren. Die Bedingungen des Vertrags wurden jedoch nie erfüllt, sodass Johann 1364 freiwillig nach England zurückkehrte und kurz darauf im Alter von 45 Jahren starb. Der Dauphin wurde als Karl V. gekrönt. Er lehnte den Vertrag von Brétigny ab, wodurch der Konflikt zwischen England und Frankreich fortgesetzt wurde. Da Karl kein Krieger war, konzentrierte er sich auf Diplomatie, militärische Entscheidungen überließ er seinen lokalen Befehlshabern.

1368 wandten sich die Herrn von Guyenne, die lange Zeit der englischen Obrigkeit treu ergeben gewesen waren, an König Eduard und König Karl, um gegen die hohen Steuern zu protestieren, die der Schwarze Prinz auf ihre Lehen erhoben hatte. Karl erhörte die Appelle und bereitete sich auf den Krieg vor. Eduard betrachtete dies als Vertragsbruch und die Feindseligkeiten entflammten aufs Neue. Bis 1370 hatten die Franzosen ihre Streitkräfte aufgebaut und konnten unter ihrem neuen Connétable, Bertrand du Guesclin, wichtige Schlachten in Nordfrankreich gewinnen. 1372 besiegte eine französisch-kastilische Flotte die englische Marine vor La Rochelle. Englische

Armeen zogen jedoch weiterhin durch das Land und in einem selbst für damalige Verhältnisse besonders grausamen Vorfall ließ der Schwarze Prinz in Limoges aus Rache für ihre Untreue 3 000 Zivilisten niedermetzeln. Dies sollte jedoch seine letzte Kriegshandlung sein, kurz darauf erkrankte er an der Ruhr und sah sich 1372 gezwungen, nach England zurückzukehren. Bis zu seinem Tod am 8. Juni 1376, ein Jahr vor dem Tod seines Vaters Eduard am 21. Juni 1377, sollte er sich nicht mehr vollständig von dieser Krankheit erholen.

König Karl machte währenddessen diplomatische Fortschritte und hatte bis 1374 den größten Teil der seit Ausbruch des Hundertjährigen Krieges an England verlorenen Ländereien zurückerobert. Zwar hätten die Engländer vollständig vom Kontinent vertrieben werden können, doch die Franzosen waren erschöpft, ihr König bei schlechter Gesundheit und die Geldtruhen leer. Auch die Engländer waren erschöpft. Eduard war zum Alkoholiker geworden und sein Erbe, der Schwarze Prinz, schwer krank. Der nächste Anwärter auf den Thron war der junge Sohn des Prinzen, und nach dem Tod seines Vaters und Großvaters im Jahr 1377 wurde Richard II. (reg. 1377–1399) im Alter von zehn Jahren zum König gekrönt. 1380 verstarb Karl V. von Frankreich, ebenso wie sein Connétable, und wurde von seinem zwölfjährigen Sohn Karl VI. (reg. 1380–1422) beerbt.

Da nun beide Länder von Knabenkönigen regiert wurden, fielen die Amtsgeschäfte ihren Beratern zu, die untereinander um Macht wetterten. Als Regentschaft für Karl VI. wurde ein Rat unter der Führung der Herzöge von Burgund, Berry und Anjou eingerichtet. 1379–1383 führte Philip van Artevelde in Flandern Aufstände gegen Ludwig von Male, den Grafen von Flandern, an. Als Ludwig 1384 starb, fiel der Besitz von Flandern zusammen mit Artois an Karls Onkel, Philipp den Kühnen, Herzog von Burgund. Dies sollte große Auswirkungen haben, endete der darauffolgende Machtkampf zwischen mächtigen französischen Adligen doch tödlich und entwickelte sich schließlich zu einem Bürgerkrieg.

England wurde während Richards früher Regierungszeit durch die Gefahr einer Invasion und Überfälle französischer und kastilischer Schiffe an der Südküste in Unruhe versetzt. Als Reaktion darauf genehmigte das Parlament zusätzliche Steuern, um Verteidigungsmaßnahmen zu finanzieren, was die englischen Bauern 1381 zum Aufstand veranlasste, die ebenso wie die französischen Bauern 1358 rebellierten. Der Bauernaufstand wurde jedoch nicht nur durch die hohen Steuern ausgelöst. Die feudale Gesellschaft hatte sich nach dem Schwarzen Tod verändert und die mittelalterliche Vorstellung der Klassenüberlegenheit wurde sowohl in England als auch in Frankreich zunehmend infrage gestellt. Diese Entwicklung wurde durch den Erfolg einfacher Soldaten über adelige Kriegsherrn bei Crécy und Poitiers weiter verstärkt. Der Bauernaufstand stellte den Status quo in England ernsthaft infrage, wurde jedoch ebenso rücksichtslos niedergeschlagen wie die Jacquerie in Frankreich und die Anführer wurden hart bestraft. Auch wenn er letztlich erfolglos war, so war der Bauernaufstand ein weiteres wichtiges

Ereignis in der zweiten Hälfte des 14. Jh., das in Europa den Übergang von einer mittelalterlichen hin zu einer frühneuzeitlichen Gesellschaft einläutete.

Als Richard und Charles schließlich heranwuchsen, übernahmen sie selbst die Regierungsgeschäfte ihrer jeweiligen Reiche. Richard wollte Frieden und engere Beziehungen zu Frankreich. Da beide Königreiche mit internen Kämpfen beschäftigt waren und nicht über die Mittel verfügten, um Krieg zu führen, wurde 1389 in Leulinghen ein Waffenstillstand unterzeichnet, der bis 1403 andauerte.

Richards Frau verstarb 1394 und in seinem Wunsch nach engeren Beziehungen zu Frankreich und dem französischen König schlug der 30-jährige Richard vor, die damals erst sechsjährige Tochter Karls, Isabella, zu ehelichen. Dieses Angebot wurde angenommen und Richard und Charles stimmten zudem zu, den Waffenstillstand von Leulinghen um weitere 28 Jahre zu verlängern. Die beiden Könige trafen 1396 unter großem Jubel in Calais aufeinander. Freundschaftsschwüre und Treueversprechen wurden ausgetauscht und es hätte Frieden zwischen den beiden Königreichen herrschen können, wären da nicht wichtige englische Adlige gewesen, die sich gegen Richards Politik stellten. Infolgedessen wurde Richard autokratisch und unbarmherzig, er ließ sogar einige Adelige einsperren und töten. Als Richard 1399 einen Feldzug gegen irische Rebellen unternahm, ergriff Heinrich Bolingbroke – benannt nach der Burg, in der er geboren wurde – die Macht. Richard und Heinrich waren Vetter, die im selben Jahr,

1367, geboren wurden und ihre Kindheit gemeinsam am Hof verbracht hatten. Dies hinderte Heinrich jedoch nicht daran, Richard zu entmachten und inhaftieren zu lassen. Bolingbroke wurde 1399 als Heinrich IV. zum König gekrönt, während Richard 1400 im Gefängnis verhungerte.

~

Die Bevölkerungszahl Frankreichs war während des Hundertjährigen Krieges dreimal so hoch wie die Englands und das Land verfügte über größere Ressourcen. Wären Frankreich unter seinem König geeint und der Adel nicht mit Machtkämpfen beschäftigt gewesen, hätten die Engländer mühelos vertrieben werden können. Doch Frankreich war gespalten und schließlich kam es zum Bürgerkrieg.

Die Wahnvorstellungen, die Karl VI. für den Rest seines Lebens heimsuchen sollten, begannen im Jahr 1392 und förderten die Rivalität zwischen dem Hause Orléans, angeführt von Ludwig, Herzog von Orléans, sowie dem Hause Burgund, angeführt von Philipp dem Kühnen. Beide waren mächtige und ehrgeizige Onkel des Königs und wollten das durch Karls Krankheit entstandene Machtvakuum füllen. Philipp starb 1404, auf ihn folgte sein Sohn Johann Ohnefurcht als Anführer der burgundischen Fraktion. Der Einfluss der Burgunder am französischen Hof nahm zu und in den Straßen von Paris kam es zu gewaltsamen Zusammenstößen zwischen den Anhängern der Burgunder und der Orléanisten. Johann versuchte, die Fehde zu beenden, indem er Ludwig am 23. November 1407 in Paris ermorden ließ. Dieses Ereignis markierte den Beginn des französischen Bürgerkriegs.

Der Mord an Ludwig schuf ein Machtvakuum, das von Bernard d'Armagnac gefüllt wurde, der als Regent für die drei jungen Söhne Ludwigs fungierte. Die Orléanisten-Fraktion wurde daher als Armagnacs und auch als Dauphinisten bekannt, da sie Karl VII. unterstützten. Überdies wurden die Anhänger auch als Nationalisten bezeichnet, da sie sich sowohl den Engländern als ausländischen Invasoren als auch der anglo-burgundischen Allianz widersetzten, die den englischen König bevorzugte.

Johann und die Burgunder befanden sich 1408 auf dem Vormarsch, aber die Armagnacs entsandten eine Armee, um Paris zu belagern. Beide Seiten baten Heinrich um Hilfe, der englische König reagierte auf Johanns Bitte und schickte 2 800 Soldaten nach Paris, um die Belagerung zu beenden. Anschließend kehrten die englischen Truppen nach Hause zurück, doch auf Bitten der Armagnacs traf eine weitere englische Armee ein, die sich durch Frankreich plünderte. Johann Ohnefurcht versuchte, Steuern zur Abwehr der Engländer zu erheben, was jedoch zu heftigem Widerstand führte und Johann zur Flucht nach Burgund zwang. Heinrich starb im März 1413 und wurde von seinem Sohn Heinrich V. beerbt, der zu einer der wichtigsten Figuren im Hundertjährigen Krieg und zu einem der berühmtesten Könige Englands werden sollte.

6

Ein Jahrhundert der Sorgen
Das Avignonesische Papsttum und
das Abendländische Schisma

Im 14. Jh. blieben weder weltliche noch geistliche Machtbereiche Europas von Not und Spaltung verschont. Der Streit zwischen Frankreich und England um die Kontrolle über französische Ländereien sowie der Antagonismus, der in der mittelalterlichen Gesellschaft entstand, als enttäuschte Bürger größere Unabhängigkeit von ihren Herrn erlangten, spiegelte sich in der Kirche in einer anderen Form der Spaltung wider. 1309 verlegte Papst Clemens V. (reg. 1305–1314) seinen Sitz von Rom nach Avignon und regierte die Kirche und den Kirchenstaat fortan von dort aus. Diese Regelung hielt bis 1377 an und forderte einen hohen Tribut an Menschenleben und Schätzen. Zu allem Übel war das Amt des Papstes selbst von 1378 bis 1415 zwischen zwei und später drei Anwärtern aufgeteilt. Die Unbotmäßigkeit römischer Aufrührer und die endlose Gewalt in der römischen Politik dienten als Vorwand für Clemens' Entscheidung, doch der

Anstoß für das Avignonesische Papsttum und das Abendländische Schisma lag tiefer.

Im 11. und 12. Jh. kam es zu einem Machtkampf zwischen Kirche und Staat, in dem die Kirche eine gewisse Vormachtstellung erlangte. Während der Herrschaft von Papst Innozenz III. (reg. 1198–1216) entwickelte sich das Papsttum zu einer Monarchie, die beträchtliche weltliche Macht ausübte. Die Kirche war damals bereits im Besitz bedeutender Ländereien und verfügte über ein eigenes Rechts- und Gesetzgebungssystem, doch durch Innozenz III. gewann der Papst weiter an Macht und konkurrierte nun direkter mit weltlichen Herrschern. Infolgedessen wurde die Kirche Opfer ihres eigenen Erfolgs und geriet in die Kritik, was ihre geistliche Autorität schwächte. Die zunehmende Politisierung des Papsttums und der oberen Ränge der Kirchenhierarchie verkomplizierte die Angelegenheit zusätzlich. Bei Papstwahlen kam es regelmäßig zu Einmischungen von außen und gelegentlich auch zu gewaltsamem Einwirken. Mächtige Familien beherrschten die politische Szene Italiens, setzten Aufrührer ein, um die Papstwahlen zu beeinflussen, und manipulierten Päpste, sobald diese im Amt waren.

Bis zum Ende des 13. Jh. hatte sich die Situation in Europa verändert. Die Könige von England und Frankreich waren stärker und unabhängiger von Rom geworden und zögerten weniger, ihr vermeintliches Recht auf Land, Macht und Steuern geltend zu machen. Die Rechte der Geistlichkeit in Bezug auf die weltliche Autorität wurden einer genauen Prüfung unterzogen.

Bonifatius VIII. (reg. 1294–1303) wurde in einem entscheidenden Moment Papst, nämlich als die Macht der Könige und die Zentralisierung der Regierung zunahmen. Geistliche in Frankreich und England wurden besteuert, um militärische Unternehmungen zu finanzieren, was im Widerspruch zu Innozenz' Erlass stand, dass dies ohne die Zustimmung des Papstes unrechtmäßig sei. 1296 erließ Bonifatius die päpstliche Bulle *Clericis Laicos*, die die Freiheit der Kirche von weltlichen Steuern verteidigte. Die Könige Eduard I. von England sowie Philipp IV. von Frankreich reagierten darauf mit eigenen Maßnahmen, die Bonifatius dazu veranlassten, seine Position zu mäßigen.

1300 rief Bonifatius das erste Jubeljahr der Kirche aus und Tausende Pilger strömten nach Rom, was den Papst ermutigte, seine Autorität in weltlichen Angelegenheiten vermehrt geltend zu machen. Bonifatius erklärte, dass Päpste nicht nur das göttliche Recht hätten, in Abstimmung mit der weltlichen Obrigkeit zu regieren, sondern dass Gott die Päpste *über* die gesamte weltliche Obrigkeit gestellt habe, wodurch diese der päpstlichen Autorität unterworfen sei. Zudem erließ Bonifatius 1302 die Bulle *Unam Sanctum*, in der er festhielt, dass alle Menschen in Fragen der Erlösung dem Papst unterstehen. Philipp entsandte daraufhin bewaffnete Männer nach Italien, um Bonifatius zu verhaften und einzusperren. Der Papst wäre ohne das Einschreiten der lokalen Bevölkerung wohl zu Tode geprügelt worden. 1303 starb er an den Folgen seiner Verletzungen.

Der Machtkampf zwischen Päpsten und Königen ging nach der Verlegung des päpstlichen Sitzes nach Avignon weiter. Als Philipp nach dem Schatz der Templer suchte und von Clemens V. und dem Konzil von Vienne (1312–1314) die Auflösung des Templerordens forderte, kamen sie dieser Forderung nach. Philipp war während des Konzils anwesend, um sich vom Ergebnis zu überzeugen, und es schien, als sei sein Sieg über die Kirche perfekt.

Sämtliche Päpste, die von Avignon aus herrschten, stammten aus Frankreich, was dazu führte, dass eine übermäßig hohe Anzahl von Franzosen in das Kardinalskollegium berufen wurde, was wiederum praktisch garantierte, dass auch der nächste Papst Franzose sein würde. Zum Missfallen vieler Beobachter verzichtete der päpstliche Hof auf Bescheidenheit, sondern orientierte sich an den Königshöfen, wodurch er sich den Ruf der Weltlichkeit und Ausschweifung einhandelte. Die päpstlichen Steuern wurden erhöht und mit großem Aufwand wurde ein Palast für den Papst und sein Gefolge erbaut. Der Respekt vor dem Papsttum schwand, während der Protest gegen die Exzesse und Wollust zunahm. 1324 vollendete Marsilius von Padua sein Werk *Defensor pacis*, in dem er den Papst für seine selbstauferlegte Rolle in der weltlichen Herrschaft kritisierte. Sowohl er als auch Wilhelm von Ockham, ein weiterer Kritiker des Papsttums, wurden von Papst Johannes XXII. exkommuniziert. Später im 14. Jh. unterstützte der Oxforder Theologe John Wycliffe die englischen Könige gegen die päpstlichen Exzesse von Avignon. Er war der Ansicht, dass Geistliche ein Leben in Enthaltsamkeit und Einfachheit führen sollten. Im frühen 15. Jh. kam es zu einer Vorausschau auf die protestantische Bewegung, als Jan Hus, ein Schüler John Wycliffes, 1410 exkommuniziert und 1415 hingerichtet wurde. Dies führte zu einer Rebellion unter seinen Anhängern und einer Reihe von Bürgerkriegen, die die Religionskriege des 16. Jh. vorwegnahmen.

Papst Urban V. (reg. 1362–1370) kehrte 1367 nach Rom zurück, blieb jedoch nur drei Jahre, bevor er 1370 wieder nach Avignon zog. Sein Nachfolger, Gregor XI. (reg. 1370–1378), gab dem internationalen Druck nach und verlegte die päpstliche Residenz 1377 während des Krieges der Acht Heiligen zwischen dem Papst und Florenz (1376–1378) nach Rom.

Nach dem Tod Gregors im Jahr 1378 kam es zu einer der verhängnisvollsten Papstwahlen in der Geschichte der Kirche. Unter dem Druck römischer Aufrührer wählten die Kardinäle mit Urban VI. (reg. 1378–1389) einen italienischen Erzbischof zum Papst. Vor seiner Wahl hatte Urban als freundlich und sanftmütig gegolten, mit seinem Amtsantritt setzte jedoch eine dramatische Veränderung seiner Persönlichkeit ein. Urban wurde den französischen Kardinälen gegenüber feindselig und tadelte sie öffentlich für ihren dekadenten Lebensstil. Aus Angst vor einem Machtverlust oder Schlimmerem flohen die Kardinäle nach Avignon, erklärten die Wahl Urbans für ungültig und wählten einen der ihren, einen Franzosen, der den Namen Clemens VII. (reg. 1378–1397) annahm, zum Papst. Dies war der Beginn des Abendländischen Schismas, das bis 1415 andauerte.

1054 hatte das Große Schisma zwischen der lateinischen Kirche im Westen und der griechischen Kirche im Osten bereits zu einer großen Spaltung innerhalb der christlichen Welt geführt. 1378 erlebte Europa eine weitere katastrophale Spaltung, nicht nur innerhalb des Christentums, sondern auch entlang nationaler und politischer Grenzen. England und seine Verbündeten unterstützten Urban VI. in Rom, während Frankreich und seine Verbündeten sich auf die Seite Clemens' VII. in Avignon schlugen. Die Gräben wurden verstärkt, als Befürworter der Konzilsbewegung argumentierten, dass ökumenische Konzile mehr Macht als der Papst hätten und einen Papst absetzen und wählen könnten. Die Befürworter der päpstlichen Vorherrschaft entgegneten, dass die Macht des Papstes von Gott selbst stamme und nur ein Papst die Macht habe, ein ökumenisches Konzil einzuberufen.[6]

Um das Problem der mehreren Päpste zu lösen, verweigerte die französische Kirche 1398 Papst Benedikt XIII. (reg. 1394–1423) den Gehorsam. Dieser weigerte sich jedoch, abzudanken, und wurde erst 1403 aus Avignon vertrieben. 1409 verfolgte das Konzil von Pisa den konziliaren Ansatz, setzte beide rivalisierenden Päpste ab und wählte Alexander V. Doch keiner der beiden anderen Päpste trat zurück, sodass es 1409–1415 drei Päpste gab. Alexander V. starb 1410, an seiner Stelle wurde

---

[6] Die Katholische Kirche hat seitdem entschieden, dass: (1) der Papst allein die höchste Macht und Autorität innerhalb der Kirche ist, und (2) die legitime Linie der Päpste stets in Rom ansässig war und daher Urban VI. und seine Nachfolger die rechtmäßigen Päpste waren.

Johannes XXIII. vom Konzil von Pisa gewählt. Dieser sah sich gezwungen, 1414 das Konzil von Konstanz einzuberufen. Dieses Konzil setzte Johannes ab, nahm den Rücktritt Gregors XII. an, erklärte den Anspruch Benedikts XIII. für ungültig und wählte Martin V. zum alleinigen Papst.

Die Ära des Avignonesischen Papsttums und des Abendländischen Schismas endete schließlich 1417 nach mehr als einem Jahrhundert der Spaltung. Die Auswirkungen auf den Ruf der Kirche sollten jedoch dauerhaft bleiben und sie erholte sich nie wirklich von dem Verlust des Ansehens, den sie durch (1) ihre Unfähigkeit, das durch den Schwarzen Tod verursachte Elend zu lindern, (2) die vorherrschende Ansicht, das Papsttum habe seine Autorität in weltlichen Angelegenheiten überschritten, (3) die Weltlichkeit des päpstlichen Hofes und anderer Mitglieder der Kirchenhierarchie sowie religiöser Orden und (4) die Vertreibung des Papstes aus Rom und die Spaltung zwischen konkurrierenden Päpsten erlitten hatte.

~

Ein Verständnis dieser unglücklichen Ära hilft dabei, einen Einblick in die Denkweise der Richter zu gewinnen, die Johanna 1431 den Prozess machten. Die Kirchenvertreter waren sich des Verlustes ihres Ansehens bewusst, den sie seit 1309 erlitten hatten, und in gewisser Weise werfen diese Ereignisse ein Licht auf die Frage, warum Johannas Richter derart erpicht darauf waren, dass sie sich ihrer Autorität unterwarf, rechtfertigen sie jedoch in keiner Weise.

7

Ein Jahrhundert der Sorgen
Byzantinische Bürgerkriege und
die osmanische Invasion

Das Osmanische Reich ging bereits angeschlagen in das 20. Jh, bis es schließlich 1922 unterging, nachdem es sich im Ersten Weltkrieg auf die Seite Deutschlands und Österreich-Ungarns gestellt hatte. Insgesamt jedoch erfreute es sich im Vergleich zu anderen Reichen der Geschichte einer langen und blühenden Existenz und konnte, sehr zum Unbehagen der spätmittelalterlichen Christen, seine Herrschaft auf die Ostküste Europas ausdehnen.

Der türkische Stamm der Osmanen, benannt nach seinem Anführer Osman (reg. 1290–1326), fand erstmals in der Schlacht von Bapheus im Jahr 1302 Erwähnung in den historischen Aufzeichnungen, als Osman laut einem byzantinischen Historiker die Türken zu einem Sieg über eine byzantinische Streitmacht führte. Die Osmanen waren nur einer von vielen Turkstämmen und zu dieser Zeit eine unbedeutende Macht in Kleinasien, doch 151 Jahre nach Osmans Sieg bei Bapheus sollte einer seiner

Nachfolger Gebiete auf der europäischen und asiatischen Seite des Bosporus kontrollieren und schließlich das lang ersehnte Ziel erreichen, Konstantinopel einzunehmen und es zur Hauptstadt des Reiches zu machen.

Eine Reihe von Faktoren begünstigten den bemerkenswerten Aufstieg der Osmanen im 14. Jh. Zunächst durchlebte das Byzantinische Reich eine Periode innerer Unruhen, die sporadische Bürgerkriege auslösten. Der erste wurde zwischen 1321 und 1328 geführt, der zweite zwischen 1341 und 1347 nach dem Tod Kaisers Andronicus. Die Expansion der Osmanen wurde durch die seit langem bestehende Feindseligkeit zwischen Rom und der lateinischen Christenheit auf der einen Seite und Konstantinopel und der griechisch-orthodoxen Kirche auf der anderen weiter begünstigt. Von entscheidender Bedeutung in diesem Konflikt war der Vierte Kreuzzug, als die Kreuzfahrer 1204, angestiftet von Venedig, die berühmten Verteidigungs-anlagen Konstantinopels überwanden und die Stadt in einem Akt der Gottlosigkeit plünderten. Die Stadt blieb bis 1261 unter westlicher Herrschaft, als der verbannte Kaiser Michael Palaiologos mit Unterstützung Genuas die Kontrolle über die Stadt zurückerlangte. Von dieser Plünderung und Besetzung hat sich Konstantinopel jedoch nie wirklich erholt, und der Vierte Kreuzzug gilt bis heute als Zankapfel zwischen dem östlichen und westlichen Christentum.

Das Gegengewicht zu Byzanz als die andere große Zivilisation in dieser Region bildeten zu dieser Zeit die von den Arabern besetzten Länder im Süden. Als die Araber unter Mohammed im 7. Jh. von der arabischen Halbinsel aus begannen, den Islam zu verbreiten, wurde ihr Erfolg durch die Kriege zwischen den Byzantinern und Persern begünstigt, die beide Seiten erschöpften. Auf die gleiche Weise wurde der Aufstieg der Osmanen durch die mongolische Invasion in den von den Arabern gehaltenen Ländern begünstigt, die die Stärke der arabischen Streitkräfte schwächte. Der Widerstand gegen die osmanische Expansion ging durch deren Annahme des Islams im frühen 14. Jh. weiter zurück.

Bald nach ihrer Konvertierung begannen die Osmanen damit, griechische Gebiete in ihr Herrschaftsgebiet einzugliedern. Ihre erste Eroberung war 1326 die Stadt Bursa, deren Kommandant Evrenos sich Osman freiwillig ergab und später zum Islam übertrat. Osman starb kurz nach der Einnahme Bursas und wurde von seinem Sohn Orhan abgelöst, der Bursa zu seiner Hauptstadt machte. Orhan gelang es, weitere griechische Gebiete unter osmanische Herrschaft zu bringen, und 1331 eroberte er Nicäa, wo Konstantin über tausend Jahre zuvor ein ökumenisches Konzil einberufen hatte, aus dem das grundlegende Bekenntnis von Nicäa (325) hervorging. 1333 wurden die Byzantiner gezwungen, den Osmanen Tribut zu zahlen. Während des byzantinischen Bürgerkriegs 1342–1347 schlossen die Osmanen ein Bündnis mit dem neuen Kaiser Johannes VI. Kantakuzenos gegen seine Rivalen, die Palaiologen. 1346 wurde Orhan die Tochter des Kaisers, Prinzessin Theodora, zur Frau gegeben.

Orhan und die osmanischen Türken versetzten das westliche Christentum in Alarmbereitschaft, als sie 1353 Gallipoli auf der europäischen Seite des Bosporus eroberten. Die Osmanen überquerten auf Einladung Johannes' VI., der seinen Rivalen schwächen wollte, die Ägäis von Kleinasien aus und dehnten ihre Herrschaft auf Thrakien aus. Dies löste in Europa Bestürzung aus, da die Europäer im 14. Jh jedoch durch so viele Katastrophen geschwächt waren, konnte mit Ausnahme der bereits auf dem Balkan befindlichen slawischen und griechischen Truppen keine wirksame Streitmacht aufgebracht werden.

Die Türken profitierten zudem vom Tod Stefan Dušans, des Herrschers von Serbien und eines wichtigen Verteidigers Europas gegen die Türken, im Jahr 1355. 1359 starb Orhan und wurde von seinem Sohn Murad beerbt, der von vielen Historikerinnen und Historikern als der eigentliche Gründer des Osmanischen Reiches angesehen wird. Murad eroberte 1361 prompt Adrianopel, eine der wichtigsten Städte des Byzantinischen Reiches. Zehn Jahre später besiegte er die Serben am Fluss Mariza. 1387 fiel Thessaloniki, die zweitgrößte Stadt Byzanz', und 1389 besiegten die Osmanen die Serben in der Schlacht auf dem Amselfeld, womit sie der serbischen Unabhängigkeit ein Ende setzten. Murad starb während der Schlacht und wurde von seinem Sohn Bayezid beerbt.

Der rasche Vormarsch der islamischen Türken an der Ostgrenze Europas beunruhigte die europäischen Christen. Doch nachdem Bayezid die Slawen besänftigt und seine Besitztümer in

Europa konsolidiert hatte, wandte er seine Aufmerksamkeit ostwärts nach Kleinasien. Sigismund marschierte allerdings an der Spitze einer ungarischen Armee in Bulgarien ein, was Bayezid dazu veranlasste, umzukehren, um seine europäischen Gebiete zu schützen. Er besiegte Sigismund und gliederte Bulgarien in sein Herrschaftsgebiet ein. Danach wandte er seine Aufmerksamkeit Konstantinopel zu. Obwohl die Byzantiner ihm keinen triftigen Grund dafür geliefert hatten, belagerte Bayezid die Stadt – es war das erste Mal, dass ein türkischer Herrscher dies versuchte. Durch die Unterstützung Genuas und Venedigs und aufgrund seiner beeindruckenden Verteidigungsmauern (von denen einige noch heute erhalten sind) konnte Konstantinopel der Belagerung standhalten, bis sie schließlich aufgegeben wurde.

Die alten Griechen lehrten uns bereits, dass auf Hybris die Nemesis folgt, und wenn die gescheiterte Belagerung von Konstantinopel als ein Zeichen von Hybris angesehen werden sollte, dann brachte die unüberlegte Reaktion Bayezids 1402 auf den Einfall Timurs (Tamerlan) in Kleinasien die unverkennbare Manifestation der Nemesis mit sich. Taktische, strategische und diplomatische Fehler führten zur Niederlage der osmanischen Streitkräfte in der Schlacht von Ankara. Bayezid wurde gefangen genommen und starb kurz darauf.[7]

---

[7] Ikarus hätte auf seinen Vater Dädalus hören und die goldene Mitte einschlagen sollen, in der laut Aristoteles die Tugend liegt. Doch der junge Mann wurde übermütig und lernte seine Lektion auf schmerzhafte Weise.

Die Niederlage bei Ankara konnte die osmanische Expansion jedoch nicht aufhalten. Die slawischen Soldaten und die Balkanprovinzen hielten den Türken die Treue und Timur unternahm nach seinem Sieg keine weiteren Feldzüge nach Kleinasien. Im Mai 1453 durchbrachen die Osmanen unter Sultan Mehmed II., bewaffnet mit einer riesigen Kanone und unterstützt durch die jüngsten Fortschritte in der Entwicklung des Schießpulvers, schließlich die bis dahin unüberwindbaren westlichen Mauern Konstantinopels und nahmen die Stadt ein. Im Juli desselben Jahres setzten französische Truppen in der Schlacht bei Castillon erstmals in großer Zahl Feldartillerie wirkungsvoll gegen die Engländer ein und beendeten damit endgültig den Hundertjährigen Krieg. Das Schießpulver war seinen Kinderschuhen entwachsen und trug zu einem raschen Übergang von der mittelalterlichen hin zur modernen Kriegsführung bei.

Mehmed machte Konstantinopel zu seiner Hauptstadt, und die Hagia Sophia, die große christliche Basilika, die 537 von Justinian erbaut worden war, zu einer Moschee. Es ist eine Ironie, dass das westliche Christentum, das es versäumt hatte, Konstantinopel im Kampf gegen den Islam angemessen zu unterstützen, vom Fall der Stadt profitierte, indem es griechische Gelehrte aufnahm, die vor den türkischen Eroberern flohen. Diese Gelehrten brachten wertvolle griechische Manuskripte in den Westen, die zur Bildung Europas und zum Aufblühen der Renaissance beitrugen.

8

Ein Jahrhundert der Sorgen
Die Härten des mittelalterlichen Lebens

Die überwiegende Mehrheit der mittelalterlichen Bevölkerung, vielleicht neunzig Prozent, gehörte dem Bauernstand an, lebte in oder nahe einem Dorf und war in der Landwirtschaft tätig. Ihr Leben wurde von der Kirche, ihrem Herrn und dem jährlichen Zyklus von Aussaat und Ernte bestimmt. Das Leben im Mittelalter war prekär, eine schlechte Ernte konnte Hunger und Armut bedeuten.

Trotz all der harten Arbeit und der Entbehrungen, die die Landwirtschaft mit sich brachte, war die Ernährung der meisten Bauern[8] einseitig und über das Jahr hinweg ungleich verteilt. Viele von ihnen ernährten sich von Haferbrei, Suppe, Eintopf und grobem, ungesäuertem Schwarzbrot aus Weizen, Roggen und Hafermehl. Gemüse war saisonal verfügbar, doch Leibeigene aßen selten Fleisch, bis insbesondere Schweinefleisch im 14. Jh. fester Bestandteil der Ernährung wurde. Kuh-, Schaf- und

---

[8] Je nach Form der Abhängigkeit auch "Leibeigene" oder "Unfreie" genannt.

Ziegenmilch war ganzjährig verfügbar. Fisch stand möglicherweise auf dem Speiseplan, ebenso wie Kaninchen, Geflügel und anderes Wild, das die Bauern mit Erlaubnis ihres Herrn jagen durften.

Frauen nahmen in allen Schichten der mittelalterlichen Gesellschaft eine untergeordnete Rolle ein. Bäuerinnen übten verschiedene Tätigkeiten aus, wie Hausarbeiten, Spinnen oder Flicken von Kleidung, Betreuung der Kleinkinder, Pflege des Gemüsegartens sowie der Tiere und Ausübung eines Handwerks oder Gewerbes. Die Herstellung von Kleidung nahm viel Zeit in Anspruch, ebenso die Produktion von Lebensmitteln, die Beschaffung von Trinkwasser und Feuerholz, der Bau und die Reparatur von Häusern und anderen Wirtschaftsgebäuden sowie Werkzeugen. Mittelalterliche Kleidung wurde selten aus Baumwolle hergestellt, da diese importiert werden musste und sich mit den damals verfügbaren Methoden nur schwer spinnen ließ. Kleidung wurde entweder aus Wolle – einem beliebten Handelsgut, das einen wichtigen Wirtschaftszweig darstellte – oder aus Flachsfasern hergestellt. Nur wenige Bauern besaßen mehr als zwei Garnituren Kleidung.

Die Burgen und Häuser der Könige und Adligen konnten nach mittelalterlichen Maßstäben geräumig und luxuriös sein, doch der durchschnittliche Bauer lebte in einer Holzhütte mit Lehmboden und meist ein bis zwei Räumen. Tiere lebten in der Nähe, manchmal sogar im Haus der Familie, das anfällig für Feuer war. Händler und Handwerker, die auf die Nutzung von Feuer

angewiesen waren, mussten besonders vorsichtig sein. Die
Fenster waren klein, das Licht im Inneren selbst tagsüber
schwach. Schornsteine waren in den wenigsten Bauernhäusern
vorhanden, und wenn der Rauch des Feuers im Kamin nicht
durch einen Durchgang oder eine Dachluke entweichen konnte,
war das Innere verraucht. Die Belüftung war meist schlecht und
es roch stark, da die Bauern selten badeten, vielleicht einmal im
Jahr, manchmal überhaupt nicht. Es war zudem feucht und meist
kalt, besonders nachts, wenn die glühende Asche im Kamin zu
kalt war, um für Behaglichkeit zu sorgen. Ihre Notdurft verrichten
die Menschen in Nebengebäuden, die über Grubenlatrinen gebaut
waren, und säuberten sich mit Heu, Stroh oder Gras.

Das gemeinschaftliche häusliche Leben bedeutete, dass die
Privatsphäre, wenn überhaupt vorhanden, auf den Schlaf
beschränkt war, obgleich die meisten Menschen im Mittelalter
nackt und oft mit anderen Menschen im Bett schliefen. Beischlaf
fand mittendrin statt. Öffentliches Stillen war nicht
ungewöhnlich, und die Vertrautheit der Menschen im Mittelalter
mit der weiblichen Brust und ihre gemeinschaftliche Lebensweise
erklärten, weshalb einige der Soldaten, mit denen Johanna diente,
ihre Brüste sahen und kommentierten, dass sie schön seien. Für
moderne Empfindungen mag das seltsam klingen, vor allem in
Anbetracht dessen, dass Johanna sehr auf ihre Jungfräulichkeit
bedacht war. Doch in mittelalterlichen Dörfern waren solche
Vorkommnisse die Norm.

Wie man es erwarten könnte, verbrachten Bauern den Großteil ihres Lebens im Freien, auch wenn nur wenige sich je weit von ihrem Dorf entfernten. Einige reisten in Form von Wallfahrten an von der Kirche als heilig ausgewiesene Orte. Meist waren dies Kirchen, Kathedralen oder Schreine in der Region. Wer sich jedoch eine längere Reise leisten konnte, pilgerte nach Rom, Jerusalem, Santiago de Compostela und zur Kathedrale von Canterbury. Für eine solche Pilgerreise gab es verschiedene Motive: Frömmigkeit, Buße, Heilung von Krankheiten, Verletzungen oder Gebrechen oder das Voranbringen einer Bitte für sich selbst oder zugunsten verstorbener Angehöriger. Im Mittelalter reisten die Menschen auch aus geschäftlichen Gründen und um an den Festen und Märkten teilzunehmen, die für das mittelalterliche Leben so wichtig und charakteristisch waren. Diese waren mehr als nur eine Quelle der Unterhaltung – sie dienten als Feiertag und waren das, was für die Menschen einem Urlaub am nächsten kam.

Wie aufgezeigt, hat der Schwarze Tod das Wachstum einer Mittelschicht begünstigt, überwiegend in Städten, aber auch auf dem Land. So waren etwa die berühmten englischen Langbogenschützen meist Freibauern, die sich in Kriegszeiten beim König verdingten. In den Städten und Dörfern zählten zu den Bürgern Kaufleute und gelernte Handwerker der Mittelschicht. Diese Bürger unterstanden keinem Herrn, sondern einem *burgermeister*. Handwerker hatten ihren eigenen *cursus honorum*, der (normalerweise für Jungen) mit einer Lehre begann, anschließend erlangte man den Status eines Gesellen und schließlich die Anerkennung als Experte und Meister. Damit traten sie dann einer Gilde bei, der mittelalterlichen Version einer modernen Gewerkschaft.

Einige dieser Handwerker wurden wohlhabend, ebenso wie viele Kaufleute, insbesondere diejenigen, die ins Ausland reisten. Ein Anstieg des Einkommens und des sozialen Status geht meist mit einem Interesse an Bildung und einer gesteigerten Nachfrage nach Büchern einher. Im frühen Mittelalter (ca. 476– ca. 1000 n. Chr.) und im Hochmittelalter (ca. 1000–ca. 1300) waren Bücher selten und meist nur in Klöstern zu finden. Im Spätmittelalter (ca. 1300–ca. 1450) stieg die Alphabetisierungsrate und Bücher und Bildung wurden zugänglicher. All dies trug zu einer steigenden Macht der Mittelschicht bei, und als Johannes Gutenberg 1452 die erste Druckerpresse mit beweglichen Lettern zum Druck der Bibel verwendete, war eine wachsende gebildete Bevölkerung begierig darauf, von seiner revolutionären Erfindung zu profitieren.

Trotz dieses gesellschaftlichen Fortschritts blieb Europa im 14. und 15. Jh. ein Ort der Gewalt. In jeder Gesellschaft wird es immer Menschen geben, die sich freiwillig für den Militärdienst, den Kampf und den Krieg entscheiden, in der mittelalterlichen Gesellschaft wurden viele junge Männer jedoch aus der Not heraus in solche Berufe gedrängt. Die Agrarwirtschaft hatte sich seit der Römerzeit nicht wesentlich weiterentwickelt und war nach heutigen Maßstäben sehr ineffizient. Söhne aus Bauernfamilien, deren Land nicht genug Ertrag lieferte, um einen wachsenden

Haushalt zu ernähren, hatten kaum eine andere Wahl, als fortzuziehen. Eine mögliche Option für sie war eine Anstellung als Soldat oder Söldner. Adelige Söhne, die nicht zum Erbe der Ländereien und Besitztümer ihrer Väter berechtigt waren, wurden häufig zu Rittern ausgebildet. Mit ihrer Volljährigkeit verließen sie die Ländereien ihrer Väter, um auf eigenen Beinen zu stehen, und mit etwas Glück konnten sie ein eigenes Gut oder Herzogtum erwerben.

Offene Feldschlachten zwischen zwei großen Armeen unter einem König oder einer Gruppe von Anführern waren im Mittelalter selten, da solche Schlachten teuer, riskant und unabwägbar waren. Der mögliche Verlust von Soldaten, Pferden sowie Kriegsgerät und Geiseln waren ein zu großes Risiko für solche Unterfangen. Weitaus häufiger waren Scharmützel, Überfälle, Plünderungen, Wildbeutertum und Geiselnahmen zur Erpressung von Lösegeld. Im Hundertjährigen Krieg wurde diese Art der Kriegsführung häufig eingesetzt, da sie die lokale Wirtschaft effektiv zerstörte und den französischen König und seine Getreuen in große finanzielle Schwierigkeiten brachte. Burgen waren zwar als Verteidigung einigermaßen effektiv, jedoch ortsgebunden, und konnten das Problem umherziehender Banden von Soldaten und Söldnern, die während des Hundert-jährigen Krieges eine so herausragende und zerstörerische Rolle spielten, nicht vollständig lösen.

Für einige war es nur ein kleiner Schritt, nach dem Dienst in einer organisierten Armee unter einem König oder Adligen einer

Gruppe von Söldnern unter einem Hauptmann beizutreten, wenn ihre Dienste nicht mehr benötigt und die Armee aufgelöst wurde. Noch schlimmer war es, wenn sie sich als Bande von Räubern, Mördern und Dieben neu organisieren konnten. Für den Kampf ausgebildete Männer ohne andere Möglichkeit, ihren Lebensunterhalt zu verdienen, konnten ihre Kampffähigkeiten als Gruppe schnell für eigene Zwecke nutzen. So konnte die Truppe, die gestern noch für die gute Sache oder die Rechte ihres Herrn gekämpft hatte, heute zu Wegelagerern und Plünderern werden, die in den vielen Wäldern Schutz suchen. Reisen konnte gefährlich sein, besonders allein oder in einer kleinen Gruppe, was ein weiterer Grund dafür war, dass Bauern in der Nähe ihres Dorfes blieben.

Die Rechtsprechung im Mittelalter, sofern überhaupt vorhanden, war häufig gewalttätig und manchmal brutal. Zudem war sie nicht immer gerecht, da Richter und Schultheiße anfällig für Bestechung und viele von ihnen korrupt waren. Wenn Recht gesprochen wurde, geschah dies oft auf eine Weise, die uns heute als grausam und ungewöhnlich erscheint. Wer eines Verbrechens verdächtigt wurde, musste teils schwere Prüfungen bestehen, um seine Unschuld zu beweisen (etwa Kämpfe, Tränken in Fesseln, Feuerproben). Die Prozesse wurden manchmal von den Oberen der Kirchenhierarchie geleitet. Wurde jemand eines Verbrechens für schuldig befunden, konnte er an den Pranger gestellt oder auf andere Weise gefoltert werden, was manchmal zum Tod, zu dauerhafter Behinderung oder zu Entstellungen führte. War das Vergehen entsprechend schwerwiegend, wurde es mit

Hinrichtung geahndet. Hexen und Ketzer wurden auf dem Scheiterhaufen verbrannt, ein Schicksal, das auch Jeanne d'Arc ereilte.

Die Menschen lebten im Mittelalter stets am Rande der Armut. Ein unglücklicher Zufall – eine schwere Verletzung, der frühe Tod des Vaters oder Ehemanns, ein Brand, verursacht durch einen Funken vom Herd oder der sich vom Haus eines Nachbarn ausbreitete – konnte eine Familie mittellos und von der Wohltätigkeit anderer abhängig machen.

Die Menschen lebten auch nah am Tod. Im Mittelalter war die Kinder- und Jugendsterblichkeit hoch und wer das sechzigste Lebensjahr erreichte, hatte wahrscheinlich viel Not, Unbehagen und körperliche Schmerzen durch Verletzungen, Krankheiten, Ungeziefer und Seuchen erduldet. Das medizinische Wissen zu jener Zeit war begrenzt. Die Wundarznei war rudimentär und beinhaltete Aderlass, die Keimtheorie war noch nicht aufgestellt worden. Es mangelte an Hygiene und die Abwasserentsorgung in den überfüllten Straßen der Städte war problematisch. Überall hausten die Menschen inmitten von Ratten, Flöhen, Mäusen und Läusen. Der Verzehr von rohem oder nicht ausreichend gekochtem Fleisch konnte zu Darmwürmern und anderen Parasiten führen. Ein Lebtag geprägt von schwerer körperlicher Arbeit verursachte Arthritis und die unzureichende Versorgung mit Obst und Gemüse führte zu Vitaminmangel und Skorbut. Lose, abgebrochene und verfaulte Zähne, Mundhygiene ohne Zahnbürsten oder Zahnpasta, menschliche und tierische Ausscheidungen sowie Tierbisse und Infektionen waren fester Bestandteil des Lebens. Plündernde Armeen und Räuberbanden waren nur eine Form von Gewalt unter vielen, und da es an Gefängnissen und Vollzugsbeamten mangelte, machte die landläufige Kriminalität das Leben noch prekärer und gefährlicher.

So war die Zeit, in die Johanna hineingeboren wurde. Es ist zu erwähnen, dass Johanna selbst unter diesen zähen und robusten Menschen von ihren Zeitgenossen als besonders stark, ausdauernd und mutig angesehen wurde, ausgestattet mit der bemerkenswerten Fähigkeit, sich rasch von Krankheiten und Verletzungen zu erholen.

9

Ein Jahrhundert der Sorgen
Die königliche Familie

Trotz seines königlichen Blutes war Karl VII. nicht unter den besten Vorzeichen geboren worden. Er war das elfte Kind von Karl VI. (1368–1422) und Isabeau von Bayern (1371–1435), der Tochter Stephans III., Herzog von Bayern. Er hätte nie König werden sollen, doch die meisten seiner Geschwister starben vor 1422, dem Jahr, in dem er zum Dauphin von Frankreich und Thronfolger wurde:

1. Karl, der Erstgeborene (*1386), lebte nur drei Monate.

2. Johanna (*1388) lebte nur bis 1390.

3. Isabelle (*1389), heiratete den unglückseligen Richard II. von England, starb im Jahr 1409 im Alter von 20 Jahren.

4. Johanna (*1391) starb 1433 im Alter von 41 Jahren.

5. Karl (*1392) lebte acht Jahre bis 1401.

6. Marie (*1393) starb 1438 im Alter von 45 Jahren als Nonne.

7. Michelle (*1395) wurde die zweite Ehefrau von Philipp dem Guten, Herzog von Burgund, einem Rivalen Karls VII.; sie starb 1422 im Alter von 27.

8. Ludwig (*1397) starb 1415 im Alter von 18.

9. Johann (*1398) war bis zu seinem Tod 1417 der Dauphin, was für Karl VII. den Weg auf den Thron ebnete.

10. Katharina (*1401) heiratete Heinrich V. von England als Teil des Vertrages von Troyes, der Karl VII. seines Anspruchs auf den Thron enthob; sie erlebte, wie Karl VII. zahlreiche Gebiete von den Engländern zurückeroberte, und starb 1437.

11. Karl (*1403), der mithilfe von Johanna la Pucelle als Karl VII. König von Frankreich wurde; er überlebte all seine Geschwister und starb 1461 im Alter von 58.

12. Philipp (*1407) lebte nur wenige Monate; 1407 war zudem das Jahr, in dem Johann Ohnefurcht, Herzog von Burgund, die Ermordung seines Rivalen Ludwig de Valois, dem Herzog von Orléans, anordnete, was den Ausbruch des französischen Bürgerkriegs beschleunigte.

Die Anzahl und Häufigkeit dieser Todesfälle mussten den König und die Königin selbst in einer Zeit hoher Säuglings- und Kindersterblichkeit schwer belastet haben. Doch das Unglück der Familie war damit nicht zu Ende. Karl VII. erlebte seinen Vater, der an einer schweren psychischen Erkrankung litt, nie in gesundem Zustand. Die Anfälle von Wahnsinn Karls VI., die heute als Schizophrenie gelten, begannen 1392, als er während einer Militäroperation vier Männer tötete. In den Phasen, in denen er zu geschwächt war, um zu regieren, übernahm Philipp der

Kühne, Herzog von Burgund, die Herrschaft an seiner Stelle. Wenn Karl jedoch geistig zurechnungsfähig war, vertraute er auf den Rat von Ludwig de Valois, Herzog von Orléans.

Dies verschärfte die politische Rivalität zwischen den beiden großen Herren, die jeweils von der Befreiung der Grundsteuern profitierten, wenn die Macht in ihre Hände überging. Die Spannungen zwischen ihnen und ihren Nachfolgern sollten schließlich tödlich enden und katastrophale Folgen für Frankreich haben, die bis weit in die Regierungszeit Karls VII. hineinreichten.

Wie ihr Mann litt auch Isabeau an mentalen Gesundheitsproblemen. Obwohl sie nie wahnsinnig wurde, litt sie unter starken Angstzuständen und hatte zahlreiche Phobien. Ihr körperlicher Gesundheitszustand verschlechterte sich, als sie an Gicht erkrankte, und schließlich wurde sie so fettleibig, dass sie kaum noch laufen konnte. Sie war notorisch promiskuitiv, was ihrer Behauptung im Vertrag von Troyes 1420, Karl VII. sei unehelich geboren, Glaubwürdigkeit verlieh. Außerdem trug sie eifrig zu der spaltenden Politik bei, die zum Bürgerkrieg führte. Während seiner Jugend am französischen Hof verwöhnte Isabeau Karl, doch später stellte sie sich gegen ihn und verbündete sich mit seinem Rivalen Johann Ohnefurcht.

Der Bürgerkrieg hatte selbst die königliche Familie erfasst.

10

Ein Jahrhundert der Sorgen
Der Hundertjährige Krieg (1413–1429)

1413 wurde Heinrich V. König von England. Heinrich galt als kraftvoll, energisch, männlich und jugendhaft, begnadeter Feldherr und geborener Anführer. Er war entschlossen, das englische Volk unter sich zu vereinen und den französischen Thron zu erobern – wenn nicht für sich selbst, dann für seinen Nachfolger. 1415 landeten die Engländer unter Heinrich in Frankreich. Nach einer militärischen Expedition, die für großes Leid in der Normandie sorgte, besiegte Heinrich am 25. Oktober bei Azincourt die Franzosen in einer der berühmtesten und wichtigsten Schlachten des Mittelalters.

Große Feldschlachten waren im Mittelalter selten, aber im 14. Jh. gab es eine Reihe davon, die in die Geschichte eingingen, auch wenn sie nicht entscheidend waren. Die Schlacht von Azincourt erinnerte an frühere, in denen einfache Fußsoldaten und Bogenschützen gut bezahlten Rittern und hoch angesehenen Herren eine verheerende Niederlage zufügten:

- Flämische Milizen besiegten 1302 in der Schlacht von Courtrai ein Berufsheer aus französischen Rittern.

- Robert Bruce führte eine kleine schottische Streitmacht aus Pikenieren und leichten Pferden an und schlug 1314 die größere englische Armee von Eduard II. in der Schlacht von Bannockburn.

- Englische Langbogenschützen unter Eduard III. dezimierten 1346 in der Schlacht von Crécy eine zahlenmäßig deutlich überlegene Streitmacht französischer Reiter.

- Der wichtigste Sieg der Engländer im Hundertjährigen Krieg, der große politische Unruhen in Frankreich auslöste, war die Schlacht von Poitiers im Jahr 1356, in der englische Bogenschützen die unberittenen französischen Ritter vernichtend schlugen und den französischen König Johann II. (reg. 1350–1364) und viele andere französische Adlige gefangen nahmen. Johann starb 1364 in London, bevor das Lösegeld für ihn gezahlt werden konnte.

Vor der Schlacht bei Azincourt erschien es jedoch keiner der beiden Seiten als wahrscheinlich, dass die Engländer einen dieser berühmten Siege wiederholen konnten. Das französische Heer war deutlich größer und viele Engländer litten an Ruhr. In der Nacht vor der Schlacht lauschten die Engländer düster den Gesängen aus dem jubelnden französischen Lager, in der Überzeugung, der nächste Tag würde ihnen einen glorreichen Sieg und adelige Geiseln bescheren, für die sie Lösegeld verlangen konnten. Heinrich wanderte zwischen seinen entmutigten

Truppen umher und bestärkte sie, ihre verlorene Hoffnung wiederzugewinnen.

Zu allem Übel regnete es in dieser Nacht stark. Nässe, Krankheit und Erschöpfung setzten den Engländern zu, die nach einem Plünderungszug mit Beute beladen waren, die ihnen im Kampf nichts nützen würde. Es regnete jedoch auch auf die Franzosen und vor allem auf das Schlachtfeld. Wenn das Wetter in dieser Nacht jemanden begünstigte, dann die Engländer. Heinrich hatte einen weiteren entscheidenden Vorteil: 4 000 Langbogenschützen, die seine 2 000 kämpfenden Männer begleiteten; und wie schon in früheren Schlachten gegen die Franzosen bewiesen die englischen Bogenschützen ihren unschätzbaren Wert auf dem mittelalterlichen Schlachtfeld.

Das Feld, auf beiden Seiten von bewaldeten Gebieten begrenzt, war verschlammt und aufgeweicht und damit gänzlich ungeeignet für französische Ritter in schwerer Rüstung und Kriegspferde in Kampfmontur. Trotz dieses schwerwiegenden Nachteils zogen die Franzosen in alter Tradition gegen die englischen Langbogenschützen in den Kampf und wurden, wie schon in Crécy und Poitiers, niedergemetzelt. Der Pfeilhagel verdunkelte den Himmel, während Pferde und Männer im Schlamm versanken, ausrutschten und übereinander fielen. Unfähig, sich unter dem Gewicht der Rüstungen zu erheben, lagen die Männer in Haufen, einige tot, andere noch am Leben. Pferde und Männer schrien, unablässig prasselten die Pfeile auf sie herab. An einem Punkt schienen die Franzosen kurz davor zu stehen, die englische Linie zu durchbrechen, und Heinrich befahl zu seiner ewigen Schande und entgegen allen Regeln der ritterlichen Kriegsführung, die gefangen genommenen Franzosen zu ermorden, die sich mit dem Versprechen auf Lösegeld ergeben hatten.

Am Ende war das Schlachtfeld mit tausenden französischen Leichen übersät, während die Engländer nur wenige hundert Mann verloren hatten. Heinrich kehrte unter großem Jubel nach England zurück. Azincourt war ein ebenso einseitiger Sieg wie Crécy und Poitiers. Unter den Gefangenen befand sich auch Charles, der Herzog von Orléans, dessen Halbbruder Johann von Orléans die Verteidigung der Stadt gegen eine Belagerung durch die Engländer in den Jahren 1428–1429 anführen und später als General in der Armee Karls VII. einen entscheidenden Beitrag leisten sollte. Johann von Orléans (1439 zum Grafen von Dunois ernannt) wurde ein Mitstreiter Johannas und übte, wie wir später sehen werden, große Geduld mit ihr, wenn sie im Kampf ungestüm vorpreschen wollte. In gewisser Weise ähnelte Johanna ihren Landsleuten, den übermütigen französischen Rittern von Crécy, Poitiers und Azincourt, die sich rücksichtslos in die Schlacht stürzten. Doch ihre unerbittliche Aggressivität entsprang ihrem Glauben an Gott und an ihre Stimmen sowie dem Vertrauen, dass Gott den Sieg bringen würde, nicht dem Streben nach ritterlicher Ehre und der Hoffnung auf wertvolle Geiseln.

Im Jahr 1416 besuchte Kaiser Sigismund Frankreich und England, um einen Frieden auszuhandeln, erzielte jedoch keine

Fortschritte, und 1417 fiel Heinrich erneut in die Normandie ein. In diesem Jahr starb auch Johann, der Dauphin[9] von Frankreich, und hinterließ seinem Bruder Karl den Titel. Nachdem die Burgunder 1418 Paris eingenommen hatten, floh Karl aus der Stadt und verlegte seinen Hof nach Bourges. Durch die Ehe mit Maria von Anjou, der Tochter von Ludwig von Anjou, König von Neapel, und Jolanthe von Aragón, stand er fest im Lager der Armagnacs.

Die Spannungen zwischen den Burgundern und den Armagnacs wurden etwas gemildert, als Karl versuchte, sich mit Johann Ohnefurcht zu versöhnen, der das Herzogtum geerbt hatte, nachdem sein Vater Philipp der Kühne 1404 verstorben war. Bei einem zweiten Treffen im September 1419 wurde Johann – der 1407 die Ermordung Ludwigs von Orléans, seinem Onkel und Isabeaus Liebhaber, angeordnet hatte – von einem Armagnac durch einen Axthieb getötet. Karl war bei dem Mord zwar anwesend, es ist jedoch nicht gesichert, ob er von dem Komplott wusste. Dennoch wurde er von den Burgundern dafür verantwortlich gemacht.

All dies trug dazu bei, den Vertrag von Troyes zu beschleunigen. Aus Rache für die Ermordung von Johann Ohnefurcht[10] unterstützten die Burgunder Heinrich bei seinem Vorhaben, Paris zu erobern und König Karl VI. gefangen zu

---

[9] Wortwörtlich übersetzt „Delphin", da das Banner des französischen Erben einen Delphin zeigte.

[10] Dessen Furchtlosigkeit ihn womöglich das Leben gekostet hatte.

nehmen. Heinrich konnte dem geschwächten französischen Monarchen seinen Willen aufzwingen und erhielt Karls Tochter Katharina zur Frau, die zwei Jahre älter war als Karl VII. Der Vertrag legte außerdem fest, dass Heinrich und seine Nachfolger durch Katharina nach dem Tod Karls VI. als rechtmäßige Erben des Königreichs Frankreich anerkannt werden. Der Vertrag von Troyes wurde am 21. Mai 1420 unterzeichnet.

Die anglo-burgundische Allianz, die aus diesem Vertrag resultierte, festigte und formalisierte den andauernden französischen Bürgerkrieg. Isabeau lebte unter burgundischem Schutz und unterstützte den Vertrag, der Karl VII. vom Erbe des französischen Throns ausschloss. Bei der Unterzeichnung deutete sie an, er sei unehelich – einige hielten ihn für den Sohn ihres Liebhabers Ludwig von Orléans – und daher nicht der rechtmäßige Erbe. Die burgundische Allianz mit den Engländern und die Andeutung der Illegitimität durch die eigene Mutter waren schwere Schläge für Karl. Noch Jahre später glaubten viele, er könne den Thron nicht „durch Gottes Willen" erben und mit der heiligen Macht ausgestattet werden, die nur rechtmäßigen Königen verliehen wird.

Das Schicksal griff jedoch ein und Heinrich starb 1422 im Alter von 35 Jahren an der Ruhr, an der er während der Belagerung von Meaux erkrankt war. Er war nach den Maßstäben seiner Zeit religiös und las kurz vor seinem Tod ein Buch über den ersten Kreuzzug. Heinrich hatte gehofft, England und Frankreich in einem Kreuzzug ins Heilige Land zu vereinen, doch sein vorzeitiger Tod setzte diesem frommen Bestreben ein Ende. Nur zwei Monate später starb Karl VI. und der französische Thron wurde vakant.

Heinrich VI., der Sohn Heinrichs V. und Katharinas und noch im Kindesalter, wurde von den Engländern und der anglo-burgundischen Allianz als König anerkannt. Karl VII. wurde im Alter von 19 Jahren von den Dauphinisten zum König ausgerufen, mit der Begründung, Karl VI. sei nicht in der Verfassung gewesen, den Bedingungen des Vertrags von Troyes zuzustimmen. Jene Dauphinisten, die Karl VII. für illegitim hielten, unterstützten Charles, den Herzog von Orléans, einen Cousin Karls VII. Dieser befand sich jedoch noch in England, wo er nach seiner Gefangennahme in der Schlacht von Azincourt in komfortablen Verhältnissen als Geisel festgehalten wurde.

Nach dem Tod Heinrichs kam es weiterhin zu kleineren Kämpfen. Burgen wurden belagert und Dörfer, Städte und Bauernhöfe überfallen. Die Engländer beendeten die Eroberung der Normandie in der Schlacht von Verneuil im Jahr 1424, und John of Lancaster, Duke of Bedford und Bruder des verstorbenen Heinrich V., regierte für den minderjährigen König Heinrich VI. Bedford, ein fähiger, wenn auch übellauniger Befehlshaber, war entschlossen, das Königreich Frankreich für seinen Neffen zu sichern. Mit Unterstützung seines Verbündeten Philipp, Herzog von Burgund, festigte er seine Besitztümer in Nordfrankreich und begann einen Feldzug, der darauf abzielte, die Loire unter seine Kontrolle zu bringen. Um dies zu erreichen, musste er die befestigte Stadt Orléans einnehmen, um den Weg zu Karls wichtigster Festung Bourges freizumachen. 1428 belagerten die Engländer unter Bedford Orléans.

Karl befand sich in einer scheinbar ausweglosen Lage. Seine Staatskasse war praktisch leer und seine militärische Kraft reichte nicht aus, um die Engländer aus Guyenne und der Normandie zu vertreiben. Darüber hinaus konnte er seinen Anspruch auf den Thron nicht geltend machen, was nicht zuletzt daran lag, dass Reims, die Stadt, in der traditionell die französischen Könige gekrönt wurden, in englischer Hand war. Unterstützt von seiner Schwiegermutter Jolanthe von Aragón verharrte er besorgt in den verbleibenden Überresten seines gefährdeten Territoriums südlich der Loire. Um an den Burgen, die noch unter seiner Kontrolle standen, einen Hof zu unterhalten, gab er mehr Geld aus, als ihm zur Verfügung stand. Ohne eine glückliche Wende schien es nur eine Frage der Zeit zu sein, bis die Engländer mit burgundischer Unterstützung vollenden würden, was von der Eroberung Frankreichs noch übrig war. Immer wieder zog er eine Flucht in Erwägung.

Dass 1429 Johanna auf den Plan trat, ist eine Art historisches Kuriosum. Die Aufhebung der Belagerung von Orléans – an der sie maßgeblich beteiligt war, wenn auch nicht in militärischer, sondern spiritueller und motivierender Hinsicht – markierte einen Wendepunkt in Karls Leben und dem Hundertjährigen Krieg, der essenziell für die Geschichte der westlichen Zivilisation sein wird.

Teil Zwei

Die Mission der Jungfrau

Denn seht, eure Berufung, Brüder, dass es nicht viele Weise nach dem Fleisch, nicht viele Mächtige, nicht viele Edle sind; sondern das Törichte der Welt hat Gott auserwählt, damit er die Weisen zuschanden macht; und das Schwache der Welt hat Gott auserwählt, damit er das Starke zuschanden macht. Und das Unedle der Welt und das Verachtete hat Gott auserwählt, das, was nicht ist, damit er das, was ist, zunichtemache, dass sich vor Gott kein Fleisch rühmen kann.

1. Korinther 1,26-29

11

Eine Heldin wird erwählt
Geburt und frühe Jahre (1412–1428)

Frankreich war zur Zeit von Johannas Geburt im Jahr 1412 ein Land der ruinierten Leben, enttäuschten Hoffnungen, zerstörten Träume, verwüsteten Bauernhöfe und verbrannten Brücken. Dann kam das Wunder der Johanna, ein Deus-ex-machina-Moment in der Geschichte Frankreichs sowie Westeuropas, der zu einer ganzen Reihe an Rückschlägen für die englische Herrschaft auf dem Kontinent führen sollte. Die Aufhebung der Belagerung von Orléans, an der Johanna maßgeblich beteiligt war, brachte die entscheidende Wendung im Kriegsgeschehen und veränderte die Geschichte. Ihre militärische Laufbahn dauerte nur etwa ein Jahr, doch in dieser Zeit trug sie maßgeblich zur Krönung eines französischen Königs bei und legte den Grundstein dafür, dass England nur 22 Jahre nach Johannas Tod sämtliche territorialen Besitztümer in Frankreich verlieren sollte.

Im Mittelalter wurden nur wenige Aufzeichnungen über das Bauernvolk geführt, doch aus den Abschriften ihrer beiden Prozesse wissen wir einiges über Johanna. Der erste Prozess endete mit einer Verurteilung wegen Ketzerei, doch in einer bemerkenswerten Wendung der Ereignisse (oder vielleicht einem sichtbaren Moment göttlicher Ironie) führten ihre Anprangerung und Verleumdung zu einem zweiten Prozess, der weitere Unterlagen hervorbrachte, die 1920 zu ihrer Heiligsprechung führten.

Ist es möglich, Johannas Geschichte angemessen zu erzählen, ohne auf die Unergründlichkeit des göttlichen Willens einzugehen? Ein einfaches Bauernmädchen aus einem kleinen, unbedeutenden Dorf im Osten Frankreichs wurde von geheimnisvollen Stimmen zu einer Mission berufen, die ihre Fähigkeiten überstieg. Ihr Leben endete im Alter von 19 Jahren als eine der berühmtesten Frauen der westlichen Geschichte und im Laufe der Jahrhunderte sollte sie als Symbol der französischen Identität und des Nationalismus gefeiert, von der Kirche, die sie einst verurteilte und dann freisprach, heiliggesprochen und schließlich zur Schutzpatronin Frankreichs ernannt werden. Könnte die Erklärung einer solch unwahrscheinlichen Abfolge von Ereignissen tatsächlich auf die gebührende Anerkennung der unverständlichen Art, wie der Herr in das Leben seiner heiligen Helden eingreift, verzichten? Könnte der Aufstieg dieser Jungfrau auf etwas anderes zurückzuführen sein als auf das Wirken der göttlichen Vorsehung? Und sprachen ihre Stimmen nicht die Wahrheit, als sie ihr sagten, Gott würde sie erlösen?

~

Wie wir sehen werden, ist vieles an Johannas Leben besonders, doch bei ihrer Geburt war sie alles andere als bemerkenswert. Sie wurde 1412 als Kind von Jacques d'Arc, einem Kleinbauer und niederen Beamten in Domrémy, und Isabelle, genannt Romée, geboren, die Johanna sämtliche religiöse Erziehung zukommen ließ, die das Mädchen je erhalten sollte. Beide Eltern waren Analphabeten, so auch Johanna.[11] Das Haus der Familie befand sich neben der Dorfkirche und dass es aus Stein und nicht aus Holz gebaut war sowie dass Jacques d'Arc fünf gesunde Kinder großziehen konnte, deutet darauf hin, dass er in seiner Gemeinde ein Mann von gewissem Ansehen war und für einen Bauern zumindest über bescheidenen Wohlstand verfügte.

Wie andere Mädchen ihres Alters und ihrer sozialen Herkunft lernte Johanna Spinnen und Nähen, erledigte Hausarbeiten, versorgte das Vieh und half im Garten und auf den Feldern, insbesondere während der Erntezeit. Sie war eines von fünf Kindern, hatte drei Brüder und eine Schwester[12]. Den Protokollen ihres Rehabilitationsverfahrens zufolge war sie ein ungewöhnlich frommes Mädchen, eine Eigenschaft, die sie offenbar von ihrer Mutter geerbt hatte, die auf Wallfahrten gegangen war und einen Dominikaner als Beichtvater hatte. Wir wissen zudem, dass Johannas Familie gesellig und fleißig war und in der Dorfgemein-

---

[11] Johanna lernte später, ihren Namen zu schreiben. Es sind Originalbriefe erhalten, die sie diktiert und später unterzeichnet hat.

[12] Jacquemin, Jean und Pierre waren älter als Johanna, aber es ist nicht bekannt, ob sie älter oder jünger als Catherine war, die starb, bevor Johanna ihre öffentliche Mission begann.

schaft respektiert wurde. Johanna galt als wortgewandt, intelligent und beliebt. Die moralische und intellektuelle Tugend, die Johanna schon in jungen Jahren zu praktizieren lernte, sollte sich während ihrer öffentlichen Mission und im letzten Jahr ihres Lebens als entscheidend erweisen.

Domrémy hielt König Karl VII. die Treue und war mit den Armagnacs verbündet, lag jedoch im Nordosten Frankreichs, weit entfernt von der Hochburg des Dauphins und ohne jeglichen Schutz durch ihn oder seine Verbündeten. Der Bürgerkrieg, der 1407 ausgebrochen war, hatte Domrémy während Johannas Kindheit noch nicht erreicht, auch wenn Jungen aus ihrem Dorf gegen jene aus Maxey kämpften, einem Dorf auf der anderen Seite der Maas, das auf der Seite Burgunds stand. Tatsächlich grenzte Domrémy an allen Seiten an Burgund-treue Gebiete und es war nur eine Frage der Zeit, bis die verheerenden Auswirkungen des Krieges Johannas bislang beschauliches Leben erreichten.

Johanna war drei Jahre alt, als Heinrich V. die Franzosen bei Azincourt besiegte. 1423 forderte Robert de Saarbruck Schutzgeld von den Einwohnern Domrémys, dieses erwies sich jedoch als wertlos, als das Dorf 1425 von burgundischen Plünderern, die für den englischen König kämpften, angegriffen wurde. Vieh wurde geraubt, Häuser niedergebrannt und Wertgegenstände geraubt. Die Dorfbewohner konnten einen Teil ihres gestohlenen Eigentums dank der Großzügigkeit eines örtlichen Lehnsherrn und seiner Ritter zurückerlangen, die zu den Waffen griffen, um die Plünderer zu vertreiben. Die Dorfkirche wurde jedoch niedergebrannt und geplündert und viele Häuser konnten nur mit großer Mühe wieder instand gesetzt werden. Johanna sagte in ihrem Prozess aus, dass dieser Überfall die Bürger von Domrémy zwar gegen die Engländer aufgebracht, insbesondere aber einen tiefgreifenden Hass gegenüber den Burgunder geschürt habe.

Zum Zeitpunkt des Überfalls war Johanna 13 Jahre alt, kurz darauf begann sie, die Stimmen des Erzengels Michael, der Heiligen Margarete (wahrscheinlich Margarete von Antiochia) und der Heiligen Katharina (wahrscheinlich Katharina von Alexandrien) zu hören. Das erste Mal geschah dies, als sie sich im Garten ihres Vaters aufhielt. Sie hörte eine Stimme, die von einem hellen Licht begleitet wurde und aus Richtung der Kirche kam; eine Stimme, die sie als die des Erzengels Michael identifizierte. Die ersten Offenbarungen drängten sie, ihre Jungfräulichkeit um ihrer Erlösung willen zu bewahren, später wurde ihr gesagt, sie sei vom „König des Himmels" auserwählt worden, „dem Königreich Frankreich Wiedergutmachung zu bringen". Johanna blieb diesen Stimmen für den Rest ihres Lebens treu und gehorsam, sie war überzeugt, dass der Wille Gottes sie ihr geschickt hatte.

Johannas Stimmen und die damit verbundenen Visionen sind eine historische Besonderheit und waren zu jener Zeit bemerkenswert, da in den ländlichen Gebieten Frankreichs Prophezeiungen über eine „Jungfrau" oder „Maid" kursierten, die sich erheben und Frankreich retten würde.

Johanna identifizierte sich mit diesen Prophezeiungen, erlangte dadurch Autorität und Glaubwürdigkeit und wurde insbesondere während der Belagerung von Orléans als die Jungfrau bekannt, die Frankreich retten würde. Dies war für ihr Selbstbild und ihre Identität von entscheidender Bedeutung. Johanna war die „Jungfrau" – „Johanna la Pucelle", wie sie sich selbst nannte –, die die Engländer aus Frankreich vertreiben würde, wenn notwendig mit Waffengewalt und Blutvergießen.

12

Die Fülle der Zeit
Der Aufstieg der Jungfrau (1428–1429)

Bis ins Jahr 1428 hörte Johanna weiterhin Stimmen und sah
Visionen, erzählte jedoch niemandem davon. Vieles von dem, was
die Stimmen ihr offenbarten, betraf sie persönlich und betonte
vordergründig die Notwendigkeit, ihre Jungfräulichkeit zu
bewahren. Einmal warb ein junger Mann um ihre Hand, sie wies
jedoch seine Bemühungen zurück und wurde von einem
kirchlichen Gericht unterstützt, das ihr zur Seite stand.

Als sie sechzehn Jahre alt war, wiesen Johannas Stimmen sie
an, nach Vaucouleurs zu gehen, einer nahe gelegenen Festung, die
Karl VI. die Treue geschworen hatte. Ab diesem Zeitpunkt
bereiteten die Stimmen sie auf ihre Mission vor, Frankreich von
den immerwährenden Kriegen zu befreien und Karl VII. zum
König von Frankreich zu krönen. Die Stimmen untersagten ihr,
den Eltern von der Absicht zu erzählen, nach Vaucouleurs zu
gehen, und so erhielt sie im Mai 1428 die Erlaubnis, ihre Cousine
in einer nahe gelegenen Stadt zu besuchen. Dort überredete sie

den Ehemann ihrer Cousine, Durand Laxart, sie nach Vaucouleurs zu bringen.

In Vaucouleurs erkannte Johanna mithilfe ihrer Stimmen den Kommandanten der Armagnacs, Robert de Baudricourt, den sie noch nie zuvor gesehen hatte. Mutig wandte sie sich an ihn und bat um eine bewaffnete Eskorte nach Chinon, wo sich der Hofstaat des Dauphins aufhielt. Er lehnte diese Bitte unverblümt ab. Zu dieser Zeit war es nicht ungewöhnlich, dass Mädchen oder junge Frauen glaubten, sie befänden sich auf einer göttlichen Mission zur Rettung Frankreichs, und ihr Zuhause verließen, um vor wichtigen Herren um militärische Unterstützung zu bitten. Johanna kehrte enttäuscht nach Domrémy zurück, doch ihre Jungfräulichkeit war unversehrt geblieben – was bemerkenswert ist, da Baudricourt als notorischer Frauenheld galt.

Im Juli 1428 wurde Domrémy erneut von burgundischen Plünderern überfallen und Johanna und ihre Familie waren gezwungen, mit den Dorfbewohnern nach Neufchâtel zu fliehen. Die Engländer und Burgunder hatten einen neuen Feldzug begonnen und versuchten, die Festung Vaucouleurs einzunehmen, was jedoch misslang. Auch Orléans wurde belagert, eine Hiobsbotschaft für Karl und die Armagnacs.

In Neufchâtel fand Johanna eine Anstellung in einem Gasthof, in ihrer Freizeit lernte sie reiten. Wahrscheinlich geschah dies auf Anweisung ihrer Stimmen, die sie in den wenigen Wochen in Neufchâtel auf ihre Mission zur Befreiung von Orléans vorbereiteten. Sie sagte später während ihres Prozesses aus, dass die Stimmen ihr gesagt hätten, sie habe für ihre Mission nur etwa ein Jahr Zeit. Dies erklärte die für sie charakteristische Ungeduld und Entschlossenheit, die Engländer zu besiegen, Karl zum König zu krönen und damit ihre göttliche Aufgabe zu erfüllen.

Ohne ihre Eltern darüber zu informieren, kehrte Johanna im Januar 1429 nach Vaucouleurs zurück. Dieses Mal zahlte sich ihre Hartnäckigkeit aus, denn ihre Persönlichkeit und ihre Entchlossenheit brachten einige von Baudricourts Offizieren auf ihre Seite. Johanna teilte Baudricourt mit, dass die Engländer die Franzosen in einer wichtigen Schlacht nahe Orléans besiegen würden, und Tage später traf ein Bote ein, der ihre Weissagung bestätigte. Baudricourt willigte schließlich ein, ihr im Februar eine bewaffnete Eskorte für die Reise zum Dauphin, die durch vom Feind gehaltenes Gebiet führen sollte, zur Seite zu stellen. Mit der Aussicht, unter Soldaten zu leben, schnitt sich Johanna die Haare kurz und begann, Männerkleidung zu tragen. Sie tat dies vermutlich aus praktischen Gründen und mit dem Ziel, ihre Jungfräulichkeit zu bewahren. Neben der Eskorte überließ Baudricourt ihr ein Pferd und ein Schwert.

Ihr zweiter Aufenthalt in Vaucouleurs war für Johanna eine transformative Zeit, als hätte sie einen bedeutenden Meilenstein im Leben geschafft oder einen wichtigen Übergangsritus hinter sich gebracht. Von diesem Moment an nannte sie sich „la Pucelle" in Anspielung auf die „Jungfrau", die Frankreich retten sollte. Am 13. Februar brach sie mit ihrer Eskorte auf. Karl II., Herzog von Lothringen, hörte von Johanna und bat sie, ihn auf dem Weg nach

Chinon zu besuchen. Der Herzog war krank und hoffte auf Heilung. Diese bot Johanna ihm nicht an, versprach jedoch, für ihn zu beten. Gleichzeitig machte sie ihm Vorhaltungen, seiner Frau untreu zu sein und eine Mätresse zu haben. Als Dank für ihre Gebete und auf ihre Bitte hin wies Karl seinen Sohn, den Herzog von Anjou, sowie weitere fähige Männer an, Johanna zu begleiten. Daneben erhielt sie ein schwarzes Pferd und vier Francs.

Nach einer elftägigen und über 550 Kilometer langen Reise erreichten Johanna und ihr Gefolge Fierbois in der Nähe von Chinon. Sie schickte einen Boten zum Dauphin, um ihn um eine Audienz zu bitten, und betete in der Kapelle der Hl. Katharina, während sie sich von der Reise erholte. Johanna la Pucelle und ihre Mission zur Rettung Frankreichs hatten sich bereits in Frankreich herumgesprochen und die Einwohner von Chinon erwarteten ihre Ankunft mit großer Hoffnung und Neugier.

Karl zögerte, ihr eine Audienz zu gewähren, und bat zunächst darum, dass Geistliche sie beurteilten. Einige Tage später stimmte er ihrer Bitte zu, arrangierte jedoch eine Prüfung. Als sie den königlichen Saal betrat, in dem er und seine Höflinge versammelt waren, suchte sie in der Menge nach dem Dauphin. Karl jedoch trug Kleider, die ihn nicht von den anderen unterschieden. Obwohl sie ihn noch nie zuvor gesehen hatte, erkannte sie ihn sofort und stellte sich vor ihn. Sie begrüßte ihn als König von Frankreich und erzählte ihm von ihrer Mission, die Belagerung von Orléans aufzuheben und Karl nach Reims zu bringen, wo er zum König gesalbt und gekrönt werden sollte.

Ein Mann in Karls Position konnte jedoch nicht allzu vertrauensvoll sein. Nach dieser kurzen Begrüßung nahm er Johanna zur Seite und sprach mit ihr unter vier Augen. Es ist nicht überliefert, was dabei gesagt wurde, als er jedoch zu den Höflingen zurückkehrte, war er bester Laune und so von ihr überzeugt, dass er sie nach Poitiers schickte, um sie von ihm getreuen Theologen prüfen zu lassen. Dort sagte sie vier Ereignisse voraus, die schließlich alle eintreffen sollten:

1. Die Belagerung von Orléans wird aufgehoben.

2. Karl VII. wird in Reims (das zu diesem Zeitpunkt noch fest in englischer Hand war) zum König von Frankreich geweiht und gesalbt.

3. Karl wird die Loyalität und den Gehorsam von Paris (das zu diesem Zeitpunkt fest in burgundischer Hand ist) zurückgewinnen.

4. Charles, der Herzog von Orléans, der sich in England in Gefangenschaft befand, wird freigelassen und nach Frankreich zurückkehren.

Johanna spielte bei der Erfüllung der ersten beiden Vorhersagen eine wichtige Rolle, die beiden anderen sollten sich erst nach ihrem Tod im Jahr 1431 bewahrheiten. 1437 schworen die Pariser Karl die Treue. 1440 kehrte Charles nach 25 Jahren Gefangenschaft und mit Unterstützung seiner einstigen Feinde, Philipp des Guten und Isabella von Portugal, als freier Mann nach Frankreich zurück. Bei seiner Freilassung war er 46 Jahre alt und es hieß, dass er besser Englisch als Französisch sprach.

Die Geistlichen in Poitiers befanden, dass Johanna eine gläubige Katholikin von tugendhaftem Charakter sei. Sie baten um ein Zeichen dafür, dass Gott sie geschickt habe, und sie sagte, das Zeichen würde in Orléans sichtbar werden. Gegen ihre Teilnahme an der Befreiung Orléans' wurden keine Einwände erhoben und Karl wurde mitgeteilt, ihre Anwesenheit könne dort von Nutzen sein. Außerdem ließe sich daran prüfen, ob Johannas Stimmen die Wahrheit sprachen. Nach einer weiteren Prüfung durch Karls Schwiegermutter Jolanthe von Aragon, die ihre Jungfräulichkeit bestätigen sollte, wurde Johanna schließlich in Karls Armee aufgenommen.

Charles ließ eine spezielle Rüstung für sie anfertigen, die fast 30 Kilogramm wog. Sie hatte zwar das Schwert, das Baudricourt ihr gegeben hatte, bat jedoch darum, dass ein bestimmtes Schwert hinter dem Altar in der Kapelle der Heiligen Katharina in Fierbois hervorgeholt werden sollte, von dem ihre Stimmen ihr sagten, es würde dort sein. Sie beschrieb, dass das Schwert mit fünf Kreuzen versehen und entweder vor oder hinter dem Altar vergraben sei. Die Ausgesandten fanden es dort zu deren Überraschung, rieben den Rost ab und brachten es ihr. Später zerbrach sie es über dem Rücken einer Prostituierten im Feldlager, was Karl als schlechtes Omen interpretierte.

Johanna erhielt die Erlaubnis, ihre eigene Standarte zu entwerfen, die laut Johann von Orléans das Bild Christi mit der Lilie zeigte. In ihrem Prozess berichtete sie, dass ihre Stimmen sie bei der Gestaltung angeleitet hätten und ihr das Banner wichtiger war als jede andere militärische Ausrüstung. Ihre Standarte wurde berühmt und sie behauptete, das Tragen bewahre sie davor, je einen Menschen zu töten. Ob zu Pferd oder zu Fuß, es signalisierte den französischen Truppen, wo sie sich auf dem Schlachtfeld befand[13], und diente zuweilen als eine Art Schlachtruf. Es wurde zu einem Symbol des französischen Widerstands gegen die Engländer, und ähnlich wie die alten Israeliten die Bundeslade in die Schlacht trugen, symbolisierte Johannas Banner die Macht Gottes inmitten der französischen Armee.

Karl gab ihr einen Knappen mit, Jean d'Aulon, der Mitglied seines Rates war, und erteilte ihr eine gewisse Befehlsgewalt, wenn auch nur ehrenhalber. Er gab ihr zudem einen Beichtvater mit, wahrscheinlich auf ihre Bitte hin. Jean Pasquerel war Bettelmönch und Johannas Mutter auf einer Pilgerreise begegnet. Um ihr Gefolge zu vervollständigen, wurden ihr ihre Brüder Jean und Pierre zur Seite gestellt, die ebenfalls mit Rüstungen ausgestattet wurden.

Die Männer, die mit ihr dienten, waren loyal und ergeben. Sie sahen in ihr die prophezeite, von Gott gesandte Jungfrau und die große Hoffnung, die beinahe sichere Niederlage gegen die Engländer abzuwenden. Sie hatte nie an einer Schlacht teilgenommen, nie eine Ausbildung zum Ritter absolviert oder militärische Kriegsführung erlernt und hatte bis vor Kurzem ihr

---

[13] Wir wissen nicht, wie Johanna aussah, aber laut Berichten war sie klein und stämmig, körperlich stark und gesund.

Heimatdorf nie verlassen, doch sie besaß Qualitäten, die nicht gelehrt werden konnten. Sie war charismatisch, besaß Kampfgeist und eine außergewöhnliche körperliche sowie geistige Ausdauer. Sie war hochgradig intelligent und verfügte über ein hervorragendes Gedächtnis, was sie dazu befähigte, jene scharfsinnigen Antworten zu geben, mit denen sie sich den Respekt der Männer verschaffte. Zudem war sie fest von der Rechtschaffenheit ihrer Sache überzeugt und vertraute auf den göttlichen Beistand, den sie zu erhalten hoffte.

Kurzum, ihr Glaube war unerschütterlich.

Eine Heldin wird erwählt

13

Johannas Heldenmoment
Die Ankunft der Jungfrau

Im späten April 1429 schloss sich Johanna in Blois einer Verstärkungstruppe an und brach mit ihnen nach Orléans auf. Die Lage der Armagnacs war nicht gänzlich hoffnungslos, doch die Engländer hatten die Stadt fast vollständig umzingelt, auch wenn einige der Befestigungen schwach waren. Der Widerstand in der Stadt war noch nicht gebrochen und die Bürger von Orléans hatten Philipp, den Herzog von Burgund, um Gnade gebeten, da ihr Herr, Ludwig, Herzog von Orléans, in England gefangen war. Er hätte die Stadt gern als Gegenleistung für ihre Neutralität in Besitz genommen, doch Bedford lehnte das Angebot ab. Obwohl er keine militärische Unterstützung beim Widerstand gegen die Belagerung leistete, zog Philipp eine kleine Truppe burgundischer Soldaten ab, die an der Seite der Engländer kämpften.

Die Ankunft Johannas wirkte wie ein unmittelbarer Katalysator für die französische Moral. Kraftvoll und herrisch, ein Dynamo für die Sache der Dauphinisten, zeigte sie Ungeduld mit jeder Strategie, die weniger als einen direkten Frontalangriff vorsah. Sie zeigte Kampfeslust und die Befehle, die sie erteilte, waren stets unmissverständlich. Ihr blieb nur ein Jahr Zeit, um ihre gottgewollte Mission zu erfüllen, und sie glaubte, dass diese nur durch Untätigkeit oder Verrat scheitern konnte. Die Briefe, die Johanna an den Duke of Bedford diktierte, waren von einer religiösen Sprache durchdrungen, die ihre Sache als weit mehr als eine rein politische oder militärische definierte. Sie kämpfte unter dem Befehl Gottes und mit seiner Macht. Sollten Bedford und die Engländer sich nicht fügen, so würden sie der Macht ihres Schwertes erliegen.

Am 29. April 1429 traf Johanna in Orléans ein und schloss sich offiziell dem Heer der Armagnacs an. Die Truppen Karls wurden von Johann von Orléans angeführt, der einige Tage zuvor den ungewöhnlichen Schritt unternommen hatte, sie persönlich in Blois zu begrüßen. Trotz seiner Zweifel an der Wahrhaftigkeit dieser verklärten Jungfrau nahm er sie in sein Lager auf. Während ihres Dienstes in der französischen Armee stellte Johanna die Geduld der französischen Befehlshaber und Strategen wiederholt auf die Probe, da sie stets den Angriff suchte. Doch Johann von Orléans begegnete ihr mit Respekt und behandelte ihre Sache mit großer Ehrerbietung, auch wenn er ihr nie eine größere Rolle in der Befehlsführung zuwies.

Johannas wahre Macht lag in ihrem Einfluss auf die Truppen, deren Gunst sie gewonnen hatte. Wenig sprach dafür, dass eine junge Bauerntochter eine echte Kameradschaft mit den kampfer-probten Männern aufbauen würde, doch sie konnte sich deren

Respekt durch die Kraft ihrer Überzeugung vom göttlichen Willen ihrer Sache verschaffen und überwand die Bürde ihres Geschlechts in solchem Maße, dass die Soldaten, die mit ihr dienten, berichteten, niemals Fleischeslust für sie empfunden zu haben, selbst wenn einige beim Ankleiden ihre Brüste gesehen hatten. Sie waren von ihrer Jungfräulichkeit fasziniert und glaubten, dass sie ihr göttliche Kräfte verlieh, die sie im Kampf einsetzen konnte. Sie bestand darauf, dass die Soldaten nicht mehr fluchten, ihre Sünden beichteten und die Messe besuchten sowie von Plünderungen an Zivilisten absahen. Sie war nicht nur „la Pucelle", die Verkörperung einer Prophezeiung, die die Befreiung vom endlosen Krieg versprach, sondern so etwas wie eine lebende Heilige.

Freiwillige scharten sich um ihr Banner und viele gehorchten ihr, wenn sie in der Schlacht Befehle erteilte. Das Mittelalter wurde oft als „Zeitalter des Glaubens" bezeichnet – des Glaubens an Gott, an die Kirche, an Wunder und an Prophezeiungen – und es schien, dass ganz Frankreich, zumindest diejenigen, die dem Dauphin treu geblieben waren, nun ihren Glauben in „Jehanne la Pucelle" setzten.

Ihre erste Aufgabe bestand darin, den Transport von Lebensmitteln in das belagerte Orléans sicherzustellen; eine Aufgabe, die sie zunächst mit wenig Begeisterung annahm. Wären die ersten Begnungen von Johanna und Johann von Orléans maßgeblich für ihre Beziehung gewesen und wäre Johann weniger Gentleman gewesen, wäre es in der Tat eine schwierige

Freundschaft geworden. Johanna war überzeugt, dass die Armagnacs die Engländer gleich nach ihrer Ankunft angreifen sollten und dass Gott den Franzosen durch ihre aktive Führung den Sieg bringen würde. Sie interpretierte Johanns Auftrag, Lebensmittel zu transportieren, als Versuch, sie zu täuschen, und begrüßte ihn beim nächsten Aufeinandertreffen mit harschen Worten. Johann war verständnisvoll und erklärte höflich, dass Stärkung nötig sei, bevor ein Angriff erfolgreich sein könne, und es in der Kriegsführung um mehr ginge als Kampf. Johanna, von Natur aus genügsam, sträubte sich gegen eine solch banale Aufgabe, die sie als Ablenkung von ihrer Mission ansah, erklärte sich aber dennoch bereit. Der Gegenwind hinderte die Versorgungsschiffe daran, stromabwärts in die Stadt zu fahren, doch Johanna erklärte Johann, er solle sich keine Sorgen machen. In diesem Moment drehte der Wind. Johann war verblüfft, Johanna wirkte jedoch nicht überrascht.

Die Engländer konnten nicht verhindern, dass die Versorgungsschiffe die Stadt erreichten und die 30 000 Bürger von Orléans dringend notwendige Nahrungsmittel erhielten. In Hinblick auf die Moral der Bürger bat Johann Johanna darum, ihn in die Stadt zu begleiten. Sie zögerte, war es doch erneut der Aufschub einer direkten militärischen Konfrontation mit den Engländern, gab aber erneut seiner Bitte nach.

Obwohl Johanna keine Befehlsgewalt innerhalb der französischen Armee erhielt, war ihre Rolle als geistige Symbolfigur und moralische Stütze von unschätzbarem Wert und genau das, was die Armagnacs in diesem Moment brauchten. Jeder Erfolg, mit dem sie in Verbindung gebracht werden konnte, würde ihre Identität als „la Pucelle", die von Gott gesandt wurde, um die Engländer zu besiegen und Karl zum König zu krönen, bestätigen. An Johanns Seite und vor den Augen der Engländer, die nicht über ausreichend Soldaten verfügten, um die gesamte Stadt zu sichern, ritt sie auf einem weißen Zelter in die Stadt ein. Die Bevölkerung begrüßte sie unter großem Jubel. „La Pucelle" war angekommen und hatte ein Jahr Zeit, um ihre Mission zu erfüllen. Doch es sollten nur wenige Tage vergehen, bis sie ihren ersten großen (und historischen) Erfolg erringen würde. Binnen zehn Tagen würden die Engländer die Belagerung aufheben und sich vollständig zurückziehen.

14

Der Lauf der Geschichte ändert sich
Die Schlacht von Orléans

Die Stadt Orléans stand seit Oktober 1428 unter Belagerung. Während die Armagnac-Armee auf Verstärkung wartete, diktierte Johanna Briefe an Bedford und andere englische Hauptmänner. Die ersten beiden Briefe sind nicht erhalten. Ein dritter, datiert auf den 22. März 1429, wurde an einer Pfeilspitze befestigt über die Mauern der englischen Befestigungsanlagen geschossen. Die englischen Soldaten johlten, bezeichneten sie spöttisch als „Kuhmagd" und „Hure" und sagten, sie solle in ihr Dorf zurückkehren und „Kühe hüten". In diesem Brief (dessen Inhalt vermutlich dem der verschollenen entsprach) forderte Johanna, dass die Engländer ihre befestigten Stellungen um die Stadt aufgeben und sich „la Pucelle … von Gott, dem König des Himmels, gesandt" ergeben sollten. Sie forderte zudem, dass die Engländer alle eingenommenen Städte zurückgaben und für sämtliche Schäden aufkamen, die sie den Menschen in Frankreich zugefügt hatten. Sie versprach, Gnade walten zu lassen und Frieden zu schließen, sollten die Engländer ihren Forderungen nachkommen, und fügte hinzu, dass sie „sich ihrer Truppe anschließen" könnten. Denjenigen, die sich weigerten, drohte sie mit dem Tod. Bedford reagierte nicht darauf.

Johanna sah sich selbst mehr im Dienste des „Königs des Himmels" als des französischen Königs, was ihr mehr als alles andere Selbstvertrauen verlieh. Dennoch gab es mehrere Situationen, darunter die Momente vor der Schlacht von Orléans, in denen dieses Selbstvertrauen an Unverschämtheit grenzte. Die für sie charakteristische Kühnheit hatte sie erstmals gezeigt, als sie Baudricourt um eine bewaffnete Eskorte gebeten hatte, um den Dauphin zu treffen, und später sprach sie ebenso kühn zu Johann von Orléans, als sie sich betrogen fühlte, weil er sie für den Transport von Lebensmitteln statt für den Kampf eingeteilt hatte. Als John Fastolf später eine neue englische Armee nach Orléans führte, drohte Johanna, Johann zu enthaupten, sollte er sie nicht über die Ankunft der Truppen informieren. Doch was dem einen unbesonnen und ungestüm erscheint, wirkt auf den anderen selbstbewusst und entschlossen, und in einer anderen Zeit und unter widrigen Umständen kann die Grenze zwischen beidem verschwimmen.

Episoden wie diese können als Zeichen für Johannas Glauben an den göttlichen Ursprung ihrer Mission und das Vertrauen, das sie in ihre Stimmen setzte, verstanden werden. Die Dorfbewohner, die bei ihrem Rehabilitierungsprozess aussagten, beschrieben sie als höflich und wortgewandt, und es ist wahrscheinlich, dass Johanna erkannt hatte, dass sie als junges

Bauernmädchen energisch auftreten musste, um bei Männern in einer Welt der Schlachtfelder, Waffen, Belagerungsmaschinen und Eroberungen Gehör zu finden. Sie passte sich der ungewohnten Situation so gut wie möglich an und war wie andere junge Frauen im Übergang zum Erwachsenenalter nicht völlig gereift.

Diese Anpassung an eine mittelalterliche militärische Lebensweise verlief nicht ohne Fehleinschätzungen und Wachstumsschmerzen und wir müssen vorsichtig sein, wenn wir unsere modernen, verzerrten Vorstellungen von Heiligkeit diesem rauen, robusten, zähen, fähigen und intelligenten Mädchen aus bäuerlichen Verhältnissen aufzwingen wollen. Sie konnte zwar unvernünftig, fordernd und streitsüchtig sein, war aber auch eine kompromisslose Visionärin und Idealistin, eine leidenschaftliche Frau, die ihre Jugendlichkeit und Weiblichkeit mit scheinbar hochmütigen Drohungen überkompensierte, die manchmal in Wutausbrüchen und Tränen endeten.

Da es ihr nicht gelang, die Engländer zur Kapitulation zu überreden, kehrte Johanna ins Lager zurück, um auf die Befehle Johanns von Orléans zu warten. Dieser erholte sich noch immer von einer Verletzung, die er sich im Februar 1429 am „Tag der Heringe" zugezogen hatte, als es den französischen Streitkräften nicht gelungen war, eine kleine englische Abordnung zu besiegen, die Vorräte transportierte – darunter eingelegte Heringe, die während der Fastenzeit gegessen werden sollten. Die Verantwortung für die Katastrophe wurde John Stuart of Darnley, einem Schotten, zugeschrieben, der ungestüm angegriffen hatte, ohne auf Verstärkung zu warten, und für diese Unüberlegtheit mit seinem Leben bezahlte. Zu weiteren wichtigen Kommandeuren, die an diesem Tag ihr Leben verloren, gehörten Louis de Rochechouart und Guillaume d'Albret. Das Debakel in der „Schlacht der Heringe" drückte die Moral der Armagnac-Soldaten und der Bürger Orléans' weiter, und das Vertrauen in Johann als Befehlshaber der französischen Armee – auch wenn er sich später als fähiger Stratege und Feldherr erwies – schwand daraufhin.

Am Mittwoch, dem 4. Mai, speiste Johanna mit Johann und erfuhr von ihm, dass eine englische Armee unter dem Kommando von John Fastolf im Anmarsch war. Dies erfreute sie und sie bestand darauf, dass Johann ihr die Nachricht von Fastolfs Ankunft unverzüglich zukommen ließ, sonst würde sie ihm den Kopf abschlagen lassen. In seiner üblichen taktvollen Art versicherte Johann ihr, dass er es sie wissen lasse und er davon ausging, dass sie ihre Drohung wahrmache, täte er es nicht. Nach dem Abendessen begab sich Johanna in ihr Quartier, um sich auszuruhen.

Trotz seiner Höflichkeit betrachteten Johann und die anderen französischen Offiziere Johanna als nicht viel mehr als ein Maskottchen oder einen Glücksbringer, der der Moral zuträglich war, ihnen jedoch bei der Ausarbeitung von Strategien und dem Kommandieren von Truppen im Kampf nicht von Nutzen war. Am selben Tag, als Johanna schlief, führte Johann ein Truppenkontingent gegen das von den Engländern besetzte Kloster Saint-Loup an. Johanna erwachte, als ihre Stimmen ihr sagten, dass französisches Blut vergossen wurde. Sie tadelte ihren Knappen Louis de Courtes und verlangte, bewaffnet zu werden und ihr Pferd für den Kampf vorzubereiten. Als sie gerade im Galopp auf das Burgundertor zuritt, wurde ihr ihre Standarte durch eine Öffnung gereicht.

Johanna ging davon aus, dass sie gegen Fastolfs Armee in die Schlacht ziehen würde, und war überrascht, bei Saint-Loup nur ein kleines Scharmützel vorzufinden. Die angreifenden Franzosen waren geschwächt, stießen jedoch einen Jubelschrei aus, als Johanna angeritten kam, und wie es für den Hundertjährigen Krieg als Ganzes gelten würde, wendete sich die Schlacht durch ihr Erscheinen. Johanna scharte eine Gruppe von Soldaten um sich und führte einen Angriff an, der das gesamte französische Kontingent neu stärkte. Die Engländer wurden mit solcher Wildheit angegriffen, dass sie gezwungen waren, das Kloster zu verlassen. Um ihr Leben zu retten, legten sie Kirchengewänder an. Johanna, die dachte, es handele sich um Priester oder Mönche, stoppte den Angriff.

Saint-Loup war mehr als ein moralischer Sieg für die Franzosen, denn sie gewannen dadurch Zugang zu einem zweiten Tor, durch das sie die Bürger von Orléans versorgen und von dem aus sie weitere Angriffe durchführen konnten. Saint-Loup war auch Johannas erste Schlacht. Ihre vorherige Erfahrung mit Krieg beschränkte sich auf die militärischen Plünderer, die Domrémy überfielen, auf das Blutvergießen auf einem Schlachtfeld war sie nicht vorbereitet gewesen. Ihr Beichtvater und ihr Knappe berichteten, dass sie äußerst bestürzt war und um all jene weinte, von denen sie glaubte, sie seien ohne das Sakrament der Beichte gestorben. Sie befahl ihren Truppen, ihre Sünden zu beichten und Gott für den Sieg zu danken.

Am darauffolgenden Tag war Christi Himmelfahrt und es war Brauch, gemäß dem, was vom ritterlichen Kodex übrig geblieben war, an heiligen Tagen auf Kämpfe zu verzichten. So weigerte sich auch Johanna zu kämpfen. Stattdessen bekannte sie ihre Sünden und empfing die Eucharistie, der sie sehr ergeben war. Sie sandte zudem drei Briefe an die Engländer, in denen sie ihre Forderungen wiederholte, doch sie antworteten nicht und hinderten zwei ihrer Boten an der Rückkehr.

Entgegen dem Willen des Gouverneurs der Stadt, Raoul de Gaucourt, und des Oberkommandos der französischen Armee führte Johanna am Freitag, dem 6. Mai, eine Gruppe von Männern auf einen Ausfall. Sie überquerte die Loire und versuchte, eine Bastille namens Saint-Jean-le-Blanc anzugreifen. Doch die Engländer zogen sich in das südlich einer Brücke gelegene und in eine Festung umgewandelte Kloster Saint Augustine zurück, das dem Torhaus *Les Tourelles* vorgelagert war. Die französischen Offiziere wollten den Vormarsch für diesen Tag stoppen, aber als ihre Soldaten zu den Stützpunkten zurückkehrten, griffen die Engländer an. Johanna und Étienne de Vignolles, bekannt als La Hire, stellten sich den Angreifern entgegen und wurden von einer großen Truppe unterstützt. Die Schlacht verlief so erfolgreich, dass die Franzosen die Engländer aus Saint Augustine vertrieben und sie zum Rückzug in das Torhaus zwangen.

Erfreut über diese unerwarteten Siege wollte das französische Oberkommando ihre Gewinne konsolidieren und auf Verstärkung warten, doch Johanna bestand auf einen weiteren Kampf. Sie wurde von einer Streitfalle am Fuß verletzt und sagte voraus, dass sie am nächsten Tag erneut verwundet werden würde. Tatsächlich durchbohrte ein Pfeil ihre Schulter, als sie einen Angriff gegen Les Tourelles anführte, und sie wurde zur medizinischen Versorgung kurzzeitig vom Schlachtfeld gebracht. Es wurde vorgeschlagen, einen Talisman auf die Wunde zu legen, doch sie lehnte ab und sagte, sie sei lieber tot, als gegen den Willen Gottes zu handeln. Nachdem die Wunde mit Fett verbunden war, kehrte Johanna in die Schlacht zurück.

Als der Abend nahte, wollte sich Johann von Orléans zurückziehen, aber Johanna beharrte darauf, dass der Sieg nah war. Er gab ihrem Ansinnen nach und Johanna ging in einen Weinberg, um zu beten. Als sie fünfzehn Minuten später mit ihrer Standarte zurückkehrte, jubelten die französischen Soldaten und der Angriff wurde fortgesetzt. Eine Trompete wurde zum Rückzug geblasen, aber Johanna ignorierte sie. Bürger aus der Stadt halfen den französischen Soldaten, indem sie die zerstörte Brücke provisorisch mit Leitern und Brettern reparierten und Les Tourelles von hinten angriffen. Die Engländer, die Johanna der Zauberei verdächtigten, verloren den Mut. Ihre Verteidigung brach zusammen und die französischen Soldaten stürmten die Mauern.

Zuvor an diesem Tag hatten die Franzosen ein mit Holz und einer brennbaren Substanz gefülltes Boot unter die Brücke geschleust. Als sich die Engländer zurückzogen, wurde das Boot in Brand gesetzt, die Brücke stürzte ein und tötete über 400 englische Soldaten, die unter dem Gewicht ihrer Rüstung ertranken. Unter ihnen war ihr Kommandant William Glasdale, den Johanna „Classidas" nannte. Sie weinte um den Mann, den sie zuvor bedroht hatte, und um die Seelen der englischen Toten, aber Les Tourelles, das seit Oktober des Vorjahres von den Engländern besetzt war, war nun befreit. Die Bevölkerung von Orléans jubelte und Johanna begleitete Johann bei seinem Einzug in die Stadt. Später am Abend wurde Johannas Wunde weiter behandelt.

Am Sonntag, dem 8. Mai, gaben die Engländer die verbleibenden Befestigungen auf und stellten sich in Schlachtordnung auf, in der Erwartung, die Franzosen würden sich einem vollständigen Rückzug widersetzen. Johanna ritt auf ihrem weißen Hengst und trug ihr Banner, als sie eine große Zahl von Soldaten den Engländern entgegenführte. Aus Respekt vor den ritterlichen Regeln der Kriegsführung verbot sie ihnen jedoch den Angriff. Dies löste große Bestürzung unter den französischen Soldaten aus, die einem zeitgenössischen Bericht zufolge verärgert und unzufrieden über den Befehl waren. Johanna ließ auf dem Feld zwei Messen lesen. Die Kampflinien wurden dicht beieinander aufgestellt. Sie gestattete den Franzosen, sich im Falle eines Angriffs zu verteidigen, doch die Engländer lehnten eine Schlacht ab. Sie waren überzeugt, dass Johanna eine Hexe war und sie durch die Macht des Teufels besiegt hatte. Nach einer Stunde verließen die Engländer die Stadt über eine Straße, die von Orléans wegführte, und zogen sich nach Jargeau zurück.

An diesem Tag würde es kein Crécy, Poitiers oder Azincourt geben. Die Engländer zogen sich besiegt zurück und der französische Sieg in der Schlacht von Orléans war besiegelt. Im Nachhinein können wir uns nur fragen, welchen Schaden die Franzosen dem Anspruch des jungen Heinrich VI. auf die französische Krone hätten zufügen können, hätte Johanna den Franzosen erlaubt, ihren demoralisierten und perplexen Gegner anzugreifen. Die Regeln der Kriegsführung änderten sich jedoch rasch und bei einer späteren Gelegenheit hielt sich Johanna nicht mehr an solche ritterlichen Tugenden– ein Umstand, der während ihres Prozesses gegen sie verwendet werden sollte.

Erst neun Tage waren vergangen, seit sich Johanna la Pucelle am 29. April in Orléans dem Heer der Armagnacs angeschlossen hatte. Während dieser kurzen Zeit waren die Belagerung aufgehoben und der englische Feldzug, der einst die Sache der Dauphinisten zu vernichten drohte, abgeschwächt worden. Als die Geistlichen Johanna in Poitiers um ein Zeichen gebeten hatten, hatte sie ihnen geantwortet, sie würden es in Orléans erhalten.

Dieses Versprechen hatte sie eingelöst.

15

Mission und Aufgabe
Der Loire-Feldzug

In Orléans hatte Johanna einen wichtigen Teil ihrer Mission erfüllt und mit diesem Sieg war ihr Stern aufgegangen. Die Moral der Armagnac-Armee war hoch und trotz der Missachtung von Befehlen hatte sie unter den französischen Hauptmännern, insbesondere Johann von Orléans und dem 25-jährigen Johann II., Herzog von Alençon, eine gewisse Glaubwürdigkeit erworben. Johanna bestand darauf, dass Karl unverzüglich zur Krönung nach Reims aufbrechen sollte. Die französischen Könige waren seit fast tausend Jahren dort gekrönt worden und kaum ein Bürger Frankreichs würde die Legitimität eines Königs anerkennen, fände die Krönung nicht in Reims statt. Zudem musste der legitime Erbe mit dem heiligen Öl gesalbt werden, mit dem der Legende nach 496 Chlodwig, der erste König der Franken, getauft und anschließend seine Nachfolger gesalbt worden waren.

Zu dieser Zeit herrschte die Meinung vor, dass Könige zwar ein göttliches Recht auf die Herrschaft besaßen, der Segen Gottes jedoch nur durch eine rechtmäßige Krönung und eine sakramentale Salbung mit heiligen Ölen erlangt werden konnte; für die Franzosen bedeutete dies Öl aus der alten Phiole, die in Reims aufbewahrt wurde. Es war daher von entscheidender Bedeutung, die Stadt dazu zu bringen, sich Karl zu unterwerfen. Die rechtmäßige Krönung würde einen Großteil Frankreichs hinter ihm vereinen und könnte sogar dazu beitragen, dass die Burgunder alte Streitigkeiten beilegten und ihr Bündnis mit den Engländern aufgaben.

Ein Marsch durch feindliches Gebiet war jedoch gefährlich und Reims hatte Karl bislang nicht die Treue geschworen. Bevor eine Krönung dort stattfinden konnte, mussten die Franzosen zunächst die Festungen entlang der Loire sichern und die Engländer nach Norden zurücktreiben. Mit etwas Glück würde sich die burgundische Garnison, die Reims bewachte, zurückziehen und die Bürger könnten überzeugt werden, sich Karl anzuschließen, ohne dass die Stadt belagert oder angegriffen werden musste.

Das königliche Heer verließ Orléans schließlich am 9. Mai, der Loire-Feldzug begann jedoch erst am 11. Juni. Irgendwann nach dem 23. Mai besuchte Johanna den Herzog und die Herzogin von Alençon. Der Vater des Herzogs, Johann I., war 1415 in der Schlacht von Azincourt gefallen, und Heinrich V. hatte das Herzogtum dem Duke of Bedford gegeben. Auf Johann I. folgte sein Sohn Pierre, der 1425 starb. Damit war der Weg frei für

Johann II. (1407–1476), der das Herzogtum erben sollte, falls die Engländer vertrieben werden konnten.

Als Erbe ohne Land war Johann II. von seiner Mutter dem Dauphin Karl anvertraut worden, jedoch am 6. August 1424, im Alter von nur 15 Jahren, in der Schlacht von Verneuil in englische Gefangenschaft geraten. Er wurde vom Duke of Clarence gefangen gehalten und schließlich am 21. Februar 1429 freigekauft, als seine Frau ihren Schmuck verkaufte und er sich bereit erklärte, weitere Lehen in Frankreich abzutreten. Der französische Sieg in der Schlacht von Orléans war jedoch ein großer Segen für den Titularherzog, da er diese Lehen bald zurückerhielt und schließlich 1449 das Herzogtum Alençon wieder in Besitz nehmen konnte.

Johann II. erfuhr erstmals von Johanna, als sie in Chinon eintraf, um Karl zu treffen. Er brach einen Jagdausflug ab, um sie kennenzulernen. Johanna war fasziniert von Alençon und die beiden wurden Freunde. Als sie ihn und die Herzogin vor dem Beginn des Loire-Feldzugs besuchte, bat Johanna Alençon, sie bei ihrem Vorhaben, die Engländer aus Frankreich zu vertreiben, zu unterstützen. Die Herzogin protestierte, aber nachdem Johanna ihr versicherte, dass sie ihn sicher zurückbringen würde, willigte sie ein.

Karl ernannte Alençon für den Loire-Feldzug zum Befehlshaber der Armagnac-Armee und Johanna diente ihm als Beraterin. Die erste Stadt, die eingenommen wurde, war Jargeau, das die Franzosen am 12. Juni angriffen. Während der Schlacht empfahl Johanna Alençon, den sie ihren „schönen Herzog" nannte, beiseitezutreten, da an dieser Stelle ein Geschoss einschlagen würde. Wenige Augenblicke später trat ein Mann namens du Lude an diese Stelle und wurde tödlich getroffen. Kurz darauf kletterte Johanna mit ihrer Standarte in der Hand auf eine Belagerungsleiter und wurde von einem Stein getroffen, der ihren Helm zerschmetterte. Am Ende der Schlacht waren 1 100 Engländer gestorben und Jargeau fiel in die Hand der Dauphinisten.

Die Franzosen marschierten daraufhin auf Meung und eroberten am 15. Juni das Südufer der Loire. Beaugency wurde am 16. Juni belagert und die englische Garnison musste sich in die zentrale Festung zurückziehen. Alençon erfuhr, dass Fastolf und John Talbot, der erste Earl of Shrewsbury, jeweils ein Heer auf Beaugency zusteuerten, und bot der Garnison sicheren Durchzug an, wenn sie die Festung aufgab. Diese akzeptierte und zog sich zurück, bevor die englische Armee eintreffen konnte.

Während des Loire-Feldzugs wurde Johanna von Arthur de Richemont, dem Connétable von Frankreich, angesprochen, der sich der Sache der Armagnacs wieder anschließen wollte. Seine Loyalität wurde von vielen Dauphinisten angezweifelt, da er sich kurzzeitig auf die Seite der Engländer geschlagen hatte, und Karl sowie sein Berater Georges de La Trémoïlle lehnten sein Angebot ab. Johanna sah jedoch eine Gelegenheit, ihre Streitkräfte zu stärken, und nahm ihn auf. Dies war ein weiteres Beispiel dafür, wie sich Johanna dem Willen ihrer Befehlshaber widersetzte, wenn es ihrer Sache diente. Wir können uns nur fragen, wie Karl und seine Berater Johannas Ungehorsam empfanden und ob sich dies nicht auf die Empfehlungen auswirkte, die er erhielt, nachdem Johanna von den Burgundern gefangen genommen worden war und womöglich noch hätte freigekauft werden können. Doch dann wäre aus ihr nicht die Johanna geworden, die wir heute kennen.

Während der Belagerung von Beaugency marschierte Fastolf an der Spitze eines Heeres, um sich mit Talbot zu verbünden und gemeinsam die Garnison zu befreien. Als er jedoch erfuhr, dass die Stadt kapituliert hatte, erkannte er, dass der französische Feldzug nicht mehr aufzuhalten war, und zog sich nach Paris zurück. Dies bot eine Gelegenheit und Johanna drängte Alençon zum Angriff. Es folgte die Schlacht von Patay, in der die Franzosen am 18. Juni die sich zurückziehenden Engländer einholten und vernichteten. La Hire spielte dabei eine herausragende Rolle, als er ein überraschtes englisches Kontingent angriff und in die Flucht schlug. Fastolf floh in den Wirren der Schlacht, und seine Truppen gerieten in Aufruhr. Talbot blieb zurück, um zu kämpfen, wurde jedoch gefangen genommen. Einem burgundischen Chronisten zufolge verloren die Engländer etwa 2 000 Mann, was einen beträchtlichen Teil ihrer Armee auf dem europäischen Festland ausmachte. Die Franzosen verloren wie durch ein Wunder nur drei.

Johanna traf erst spät auf dem Schlachtfeld ein und nahm nicht am Gemetzel teil. Sie sah mit an, wie La Hire und die

Franzosen nach ihrem Sieg viele der Engländer, die sich ergeben hatten, brutal ermordeten und nur zweihundert wohlhabende Adlige als Gefangene am Leben ließen, um später Lösegeld für ihre Freilassung zu erpressen. Als sie beobachtete, wie ein französischer Soldat einen Engländer tödlich am Kopf verwundete, stieg sie von ihrem Pferd, hielt den Sterbenden im Arm und nahm ihm die letzte Beichte ab. Was auch immer Johanna vor der Schlacht von ihren Feinden hielt, sobald sie die besiegten Feinde erblickte, weinte sie mehr als einmal um deren Seelen und sorgte sich aufrichtig um deren Heil.

Der Loire-Feldzug war kurz und entscheidend. Die Franzosen hatten nicht nur strategische Stützpunkte an der Loire zurückerobert, sondern auch die englischen und burgundischen Streitkräfte so weit geschwächt, dass sie Nordfrankreich nicht mehr gegen eine Invasion verteidigen konnten. Damit war der Weg nach Reims und für die Krönung Karls frei. Die jüngste Wendung der Ereignisse muss die Burgunder nachdenklich gestimmt haben. Wenn ein rechtmäßiger französischer König gekrönt werden sollte und die Engländer nicht mehr über die nötige Stärke verfügten, um die Armagnacs zu besiegen, konnte womöglich ein vernünftiges Abkommen mit Karl geschlossen werden, um den Bürgerkrieg zu beenden.

16

Mission und Aufgabe
Der Marsch nach Reims und die Krönung eines Königs

Die Nachricht von den jüngsten französischen Siegen verbreitete sich in ganz Europa. Johanna wurde über Nacht berühmt und erhielt viel Anerkennung für die Schicksalswende Frankreichs. Die Geschichte wurde immer weiter gesponnen, ihre Verdienste wurden dabei übertrieben. Trotz ihres jungen Alters war sie bereits zu einer lebenden Legende geworden.

Nach dem Blutvergießen bei Patay ritt Johann von Orléans mit Johanna zum Dauphin. Karl war guter Dinge und er sowie seine Berater sahen zwei Optionen: Die erste war, nach Norden in die Normandie zu marschieren, die verlorenen Gebiete zurückzuerobern und, wenn es günstig erschien, nach Paris zu marschieren. Die Mehrheit der Hauptmänner und königlichen Berater befürwortete diesen Weg. Die zweite Option, für die Johanna eintrat, bestand darin, unverzüglich nach Reims zu marschieren und Karl zum König salben und krönen zu lassen. Sie vertrat die Ansicht, dass Karl, sobald er mit dem heiligen Recht der Herrschaft ausgestattet war, vom Volk akzeptiert werden würde.

Die Unterwerfung der Normandie war eindeutig die klügere Strategie, auch wenn die königlichen Berater die politischen Vorteile anerkannten, die ein erfolgreicher Marsch nach Reims versprach. Johanna bestand darauf, sich von ihren Stimmen leiten zu lassen, stieß aber auf entschiedenen Widerstand der königlichen Berater. Sie suchte Zuflucht im Gebet und ihr Vertrauen wurde bald wiederhergestellt. Karl zögerte, ließ sich aber schließlich von Johannas Eindringlichkeit überzeugen.

Am 29. Juni marschierte das französische Heer von Gien aus nach Reims. Johanna ritt an der Seite Karls. In Briefen an zahlreiche Städte entlang der Strecke wurden die Ankunft des Thronfolgers verkündet, Begnadigung verheißen und die Loyalität der Bevölkerung angemahnt. In Briefen an den Herzog von Burgund wurde zur Versöhnung aufgerufen. Die Engländer widersetzten sich dem Marsch nicht und nach kurzen Verhandlungen verpflichteten sich die Städte entlang der Route zum Gehorsam gegenüber Karl und versorgten sein Heer mit Nahrungsmitteln. Eine Garnison englischer und burgundischer Soldaten verblieb in Troyes, wo 1420 der Vertrag unterzeichnet worden war, der Karl von der Thronfolge ausschloss. Sie weigerten sich zu kapitulieren, doch Johanna ordnete an, den Stadtgraben mit Holz zu füllen, und ließ Kanonen in Schussweite der Stadtmauern aufstellen. Bald darauf kapitulierten sie und Karl zog am Sonntag, dem 10. Juli, in Troyes ein.

Als sich das Heer Reims näherte, kam eine Delegation der Stadt am 16. Juli Karl entgegen und versicherten ihm vollen Gehorsam. Die burgundische Garnison floh. Pierre Cauchon, Bischof von Beauvais und einst Rektor der Pariser Universität, der der anglo-burgundischen Sache treu geblieben war, verließ die Stadt. Er hatte im Mai 1420 den Vertrag von Troyes mit ausgehandelt, mit dem Karl sein Erbe verlor, und sollte später dem Prozess vorsitzen, in dem Johanna verurteilt wurde. Am selben Tag zog Karl triumphierend in Reims ein und Johanna ritt an seiner Seite.

Die Krönungszeremonie fand am darauffolgenden Tag, Sonntag, dem 17. Juli, in der Kathedrale von Reims statt. Vier Ritter, begleitet von zahlreichen hochrangigen Kirchenvertretern, trugen die heilige Phiole in einer Prozession von der Abtei Saint-Rémy zur Kathedrale. Wie üblich legte der König einen Treueeid ab und warf sich neben dem Erzbischof nieder, während das *Te Deum* und Litaneien gesungen wurden. Der Höhepunkt der Zeremonie war die Salbung durch den Erzbischof, der einen Tropfen Öl aus der heiligen Phiole mit dem heiligen Chrisam vermengte. Anschließend wurde der König mit Ring, Zepter, Sporen und königlichen Gewändern ausgestattet und die Königskrone wurde auf sein Haupt gesetzt. Der Erzbischof und wichtige Adlige huldigten ihm. Johanna, die in eine Rüstung gekleidet war und ihre Standarte trug, kniete vor ihm nieder, umarmte seine Beine und begrüßte ihn als den wahren König nach dem Willen Gottes. Karl war nun nicht mehr der Dauphin, sondern Karl VII., König von Frankreich.

111

Nach dieser Zeremonie diktierte Johanna dem Herzog von Burgund einen Brief, in dem sie ihn aufforderte, Frieden mit dem neuen König von Frankreich zu schließen. Sie sprach im Namen des „Königs des Himmels" und drängte Philipp zu gegenseitiger Vergebung und Versöhnung mit Karl. Zudem forderte sie ihn auf, seine Truppen aus Nordfrankreich abzuziehen. Sollte er sich weigern, so erklärte sie, würde er sowohl gegen den König des Himmels als auch gegen den rechtmäßigen König Frankreichs Krieg führen. Es würde ein Blutvergießen geben, erklärte sie, unter seinen Soldaten und allen, die „gegen uns Krieg führen". Bevor sie diesen Brief abschickte, beriet sie sich jedoch weder mit Karl noch mit seinen Beratern, noch war sie in die Gespräche zwischen den Armagnacs und den Burgundern eingebunden. Der Herzog von Burgund verhandelte in betrügerischer Absicht mit Karl und seinen Beratern und der König stimmte naiverweise einem 15-tägigen Waffenstillstand zu.

17

Drehender Wind
Johannas wahre Berufung

Von dem Moment an, als Johanna aus Domrémy fortging, führte ihr Weg stets nach oben, bis sie an der Spitze der französischen Gesellschaft stand[14]: Fünf Monate hatte es gedauert, bis Karl VII. gekrönt wurde, und fünf Monate nach seiner Krönung im Dezember 1429 erhob Karl sie und ihre Familie in den Adelsstand. Sie war in ganz Europa berühmt und hatte Geschichte geschrieben, doch Ruhm und Erfolg waren für Johanna von geringer Bedeutung. Was sie mehr als alles andere antrieb, war ihre Mission und die Erfüllung des Willens Gottes, der sich ihr durch ihre Stimmen offenbarte.

Nach der Krönung Karls fragte sich Johanna gegenüber Johann von Orléans, ob sie nach Domrémy und in ihr bäuerliches Leben zurückkehren sollte. Drei Gründe sprechen dafür, dass sie diese Option in Betracht zog: Erstens war sie mit der Politik des

---

[14] Abgesehen davon, dass Baudricourt ihr erstes Gesuch im Mai 1428 ablehnte und erst nach ihrem zweiten Besuch zustimmte, sie mit einer bewaffneten Eskorte nach Chinon zu schicken.

Königs und seiner Berater gegenüber den Burgundern unzufrieden und erkannte, dass ihr aggressiver Stil der Kriegsführung nicht mit der Vorliebe des königlichen Rates für Diplomatie vereinbar war. Zweitens könnte sie Heimweh gehabt haben (nicht ungewöhnlich für eine Person ihres Alters, ihres Geschlechts und ihrer Lebenserfahrung). Und drittens könnte sie ihre Mission als erfüllt angesehen haben, zumindest den Teil, der in ihrer Macht stand. Ihr plötzliches und unerwartetes Erscheinen hatte der demoralisierten königlichen Armee neue Hoffnung verliehen und sie hatte eine unverzichtbare Rolle beim Sieg in Orléans und im Loire-Feldzug gespielt. Der Dauphin, den sie krönen wollte, war nun König. Auch wenn die dritte und vierte Vorhersage, die sie in Poitiers gemacht hatte, bislang unerfüllt waren, so hatte sie doch den Kern ihrer Mission in einer Geschwindigkeit erfüllt, die außer bei ihren Feinden kaum Zweifel am göttlichen Ursprung ihrer Stimmen aufkommen ließ.

Johanna kehrte nicht nach Hause zurück, obwohl wir davon ausgehen können, dass der König ihr diese Gunst gewährt hätte, wenn sie ihn darum gebeten hätte. Warum ist sie also geblieben? Was genau war die Mission, auf die sie ihre Stimmen geschickt hatten? Waren die Vorhersagen, die sie in Poitiers machte, Teil dieser Mission? War sie sich dessen gewiss, was Gott von ihr verlangte?

Als sie dem Dauphin in Chinon erstmals begegnet war, hatte sie ihm ihre Mission dargelegt. Sie hatte ihm gesagt, dass sie nur ein Jahr dauern würde und sie gekommen war, um:

1. die Engländer zu vertreiben.

2. ihn nach Reims zu bringen, damit er dort zum König gekrönt wurde.

3. Charles, den Herzog Orléans aus der englischen Gefangenschaft zu befreien.

4. die Belagerung Orléans aufzuheben.

Die Vorhersagen, die sie den Geistlichen in Poitiers machte, stimmen großteils, aber nicht exakt mit den oben genannten überein. Sie prophezeite, dass:

A. die Engländer vertrieben würden und die Belagerung von Orléans aufgehoben würde. (1, 4 oben)

B. Karl VII. in Reims zum König gekrönt würde. (2)

C. Paris Karl wieder die Treue schwören würde.

D. Charles, der Herzog von Orléans freigelassen und nach Frankreich zurückkehren würde. (3)

Die „Engländer zu vertreiben" (1, A) ist dabei jeweils die einzige Aufgabe, die Raum für Interpretationen zulässt. Es könnte bedeuten, „die Belagerung von Orléans aufzuheben und die Engländer aus dem Gebiet der Armagnacs zu vertreiben". In diesem Fall wäre dieser Teil ihrer Mission mit dem Abschluss des Loire-Feldzugs, der im Nachhinein betrachtet der Anfang vom Ende der Engländer im Hundertjährigen Krieg war, erfüllt worden. Die Engländer waren nicht nur aus Karls Hochburg vertrieben worden, sondern konnten auch ihr Territorium in Nordfrankreich nicht mehr verteidigen.

Die „Engländer zu vertreiben" könnte aber auch bedeuten, „sie ganz aus Frankreich zu vertreiben."[15] Diese Interpretation ist im Hinblick auf Johanna und ihre Mission möglich, aber da sie wusste, dass ihr nur ein Jahr dafür Zeit blieb, und davon auszugehen ist, dass Gott nichts Unmögliches verlangt, wäre es für Johanna mit einem vorsichtigen König und einem zögerlichen königlichen Rat höchst unwahrscheinlich gewesen, die Engländer binnen eines Jahres vollständig aus Frankreich zu vertreiben. In Anbetracht dieser Umstände ist zu bezweifeln, dass dies zu ihrem göttlichen Auftrag gehörte, zumindest während ihrer Zeit auf Erden.[16] Vielleicht spielte sie mit dem Gedanken, nach Domrémy zurückzukehren, weil sie die Unwahrscheinlichkeit einer solchen Leistung erkannte und sich fragte, ob Gott mit ihrem bisherigen Gehorsam zufrieden sein würde.

Was die Treue von Paris zu Karl (C) betrifft, so kündigte sie ihm in Chinon nicht an, dass sie gesandt worden war, um ihm die Treue von Paris zu sichern; eine Vorhersage, die sie jedoch in Poitiers gemacht hatte. Es ist zudem unwahrscheinlich, dass sie dies für einen Teil ihrer Mission hielt, da sie wusste, dass sie nur ein Jahr dafür Zeit haben würde, aber voraussagte, dass Paris

---

[15] Ein langer Prozess, der erst 1453 abgeschlossen wurde.
[16] Ihre Mission könnte bis in die Ewigkeit fortgesetzt worden sein und sie könnte etwas mit dem letztendlichen Ergebnis zu tun gehabt haben.

binnen sieben Jahren zu Karl zurückkehren würde[17]. Es ist möglich, dass sie zu einem späteren Zeitpunkt die Vorhersagen von Poitiers mit der Mission, die ihr von ihren Stimmen gegeben wurde, verwechselte und die Befreiung von Paris als Teil ihrer Mission ansah.[18] Vielleicht betrachtete sie die Rückeroberung von Paris auch nicht als Bestandteil ihrer Mission, sondern verstand sie als mit ihr kongruent, auch wenn sie nicht ausdrücklich von ihren Stimmen gefordert worden war.

Was schließlich die Befreiung des Herzogs von Orléans (3) anbelangt, so verkündete sie Karl in Chinon, dass sie gesandt worden war (Mission), um den Herzog aus der Gefangenschaft zu befreien. Es ist jedoch unwahrscheinlich, dass sie nach der Krönung in Reims glaubte, angesichts der Dispositionen des Königs und seines königlichen Rates die Macht zu haben, dies zu erreichen.[19] Sie könnte es daher für unmöglich gehalten haben, die Engländer aus Frankreich zu vertreiben und den Herzog von Orléans zu befreien, und da Gott nichts Unmögliches verlangt, könnte diese Erkenntnis der Grund für ihren ausdrücklichen Wunsch gewesen sein, nach Domrémy zurückzukehren.

---

[17] Paris gelobte Karl 1436 die Treue und er zog 1437 in die Stadt ein. Damit erfüllte sich Johannas Prophezeiung, dass dies binnen sieben Jahren geschehen würde.

[18] Der Angriff im September 1429, an dem Johanna teilnahm, scheiterte.

[19] Charles, Herzog von Orléans, wurde schließlich im November 1440 nach 25 Jahren Gefangenschaft und neun Jahre nach Johannas Tod befreit, allerdings nur mit Hilfe von Philipp, dem Herzog von Burgund, mit dem Johanna im Krieg gelegen hatte.

~

Unter Historikern besteht allgemeiner Konsens darüber, dass die größten Heeresführer der Geschichte die Folgenden sind:

1. Alexander der Große von Makedonien

2. Julius Cäsar von Rom

3. Hannibal von Karthago

4. Dschingis Khan von den Mongolen

5. Gustavus Adolphus von Schweden

6. Friedrich der Große von Preußen

7. Napoleon Bonaparte von Frankreich

Wäre Johanna nach der Krönung Karls in Reims nach Domrémy zurückgekehrt oder wäre sie bei der Armee geblieben und hätte eine passivere Rolle eingenommen, indem sie sich den königlichen Beratern unterworfen hätte, die stets zu Vorsicht und Diplomatie rieten, wäre sie sicher nicht auf dieser Liste gelandet, wäre jedoch als unerwartet erfolgreiche Heeresführerin in Erinnerung geblieben, auch wenn sie nicht das Gesamtkommando über die französische Armee innehatte. Dann wäre sie jedoch nicht Johanna, wie wir sie heute kennen, und wir hätten wahrscheinlich auch nicht die Abschriften ihrer Prozesse, die uns mehr Informationen über sie liefern als über jede andere Frau vor Königin Elisabeth I. von England und Maria, Königin der Schotten.

Aber es gibt eine weitere Möglichkeit, wie die Geschichte hätte verlaufen können: Wären die Umstände anders gewesen und hätte Johanna all das erreicht, was sie in Chinon ankündigte, einschließlich der Vertreibung der Engländer aus Frankreich sowie all das, was sie in Poitiers voraussagte, könnten die Historiker sie sehr wohl zu den größten Heerführern zählen. Doch jenseits der Spekulationen der Historiker und der Komplexität des gegenwärtigen Zeitalters bleibt eine letzte Möglichkeit: dass Johanna mit göttlicher Hilfe ihre gesamte Mission und alle vier Vorhersagen posthum als Heilige im Himmel erfüllen konnte. Gott verlangt nichts Unmögliches, sondern mit Gott sind alle Dinge möglich (vgl. Matthäus 19,26).

~

Sie mag in Erwägung gezogen haben, nach Domrémy und in das bäuerliche Leben ihrer Jugend zurückzukehren, die ihr auf den Schlachtfeldern Zentralfrankreichs und in den geopolitischen Ereignissen ihrer Zeit entglitten war, doch in Wahrheit war ihr der Weg nach Domrémy für immer versperrt. Vielleicht war sie sich dessen bewusst. Wäre sie zurückgekehrt, wäre sie wahrscheinlich von den Burgundern oder den Engländern verfolgt worden, vielleicht von einem geschäftstüchtigen Kopfgeldjäger gejagt, der aus dem Verkauf an ihre Feinde beträchtlichen Profit geschlagen hätte.

Johanna muss gespürt haben, dass nach Reims eine Veränderung eintreten würde. Ihre Stimmen hatten ihr gesagt, dass ihre Mission nur ein Jahr dauern würde, „vielleicht ein wenig länger". Ob sie wusste, dass sie für ihre Mission ihr Leben opfern musste, sagte sie nicht. Nach ihrem Verhalten während des Prozesses zu urteilen, vor allem in ihrer Erwartung, von Gott erlöst zu werden, und ihrem Entsetzen über die Verurteilung als Ketzerin, schien sie nicht davon ausgegangen zu sein, dass ihre Mission zwingend mit dem Tod enden würde.

Noch wusste Johanna nicht, wohin ihr Weg sie führen würde. Die überwältigenden Erfolge der ersten fünf Monate wichen nach Reims gemischten militärischen Ergebnissen. Sie würde kein Cäsar auf den Schlachtfeldern Frankreichs sein, nicht wie Napoleon ihre Ehre verteidigen. Johanna war eine Kriegerin, aber keine Soldatin, die vor allem zum Gehorsam verpflichtet ist. Sie verfügte auch nicht über das umsichtige Urteilsvermögen eines ausgebildeten Militäroffiziers. Wäre sie in den Kriegskünsten ihrer Zeit erzogen worden oder hätte sie eine Militärakademie besucht, die eines Tages in Europa zur Norm werden sollte, wären ihr diese Eigenschaften vielleicht eingebläut worden. Doch die Möglichkeit, Berufssoldatin zu sein, war Johanna verwehrt, sowohl ihr Auftrag, ihr Geschlecht als auch ihr Stand als Bäuerin ließen dies nicht zu.

Johanna bleibt nicht als große Kriegsherrin in Erinnerung, sondern als Kriegerin, Wunderkind und Phänomen. Ihr Erfolg beruhte nicht auf einer vorausschauenden militärischen Strategie, sondern auf Mut, Tapferkeit, zielstrebiger Entschlossenheit und der unerschütterlichen Überzeugung, sich auf einer von Gott gesandten Mission zu befinden, sowie auf einer unermüdlichen Dynamik, die im Gegensatz zu ihrem unsicheren und vorsichtigen König stand. Sie drängte stets nach vorn und zum Angriff, denn sie wusste, dass ihr nur ein Jahr dafür Zeit bleiben würde. Am Ende gab sie ihr Leben für die beiden Könige, denen sie diente, verteidigte die Ehre des einen in der Predigt vor ihrer Hinrichtung und rief den Namen des anderen, als die Feuerzungen sie aufleckten und schließlich verzehrten. Dabei vertraute sie auf ihre Stimmen und den Gott, der sie zum Scheiterhaufen geführt hatte.

Johanna bleibt nicht als große Kriegsherrin in Erinnerung, sondern als Jungfrau, Heldin, Märtyrerin und Heilige – was schließlich ihre wahre Berufung war. Der Historiker und Moralist mag ihre Geschichte durchkämmen und Fehler und Irrtümer finden, aber kein Held, mit Ausnahme Jesu von Nazareth, ist fehlerlos und keine Heilige außer Maria von Nazareth vollkommen. Nicht alle Helden sind Heilige und nicht alle Heiligen sind Helden. Trotz ihrer Fehler und ihrer Jugend war Johanna beides.

18

Wendepunkt
Niederlage in Paris

Nach der Niederlage bei Orléans und dem Desaster bei Patay sammelte der Duke of Bedford seine Truppen. Eine von seinem Onkel, Kardinal Henry Beaufort, Bischof von Winchester, aufgestellte Einheit, die mit päpstlicher Genehmigung nach Böhmen marschieren sollte, um gegen die Hussiten zu kämpfen, wurde nach Frankreich umgeleitet, um die Verluste auszugleichen. Sie trafen in Calais ein und wurden am 15. Juli umgehend nach Paris geschickt, um die burgundische Garnison zu stärken.

Die Burgunder verhandelten mit den Engländern, um ihr Bündnis aufrechtzuerhalten und eine neue Armee aufzustellen, während sie gleichzeitig und in böswilliger Absicht Gespräche mit den Armagnacs führten und dabei versprachen, in Anbahnung eines dauerhaften Friedensabkommens Paris abzutreten. Georges de La Trémoïlle war der Verhandlungsführer im Namen der Franzosen. Zusammen mit Karls Schwiegermutter, Jolanthe von Aragon, die sogenannte „Königin der vier Königreiche", war La Trémoïlle einer der wichtigsten Berater und Finanziers von

Karl. Er gehörte auch zu jener Fraktion, die sich konsequent für Geduld und Diplomatie einsetzte, anstatt für den finanziell lähmenden bewaffneten Konflikt, den Johanna unablässig vorantrieb. Die Verhandlungen zwischen den Burgundern und den Armagnacs führten zu einem trügerischen, 15 Tage andauernden Waffenstillstand.

Karl hätte nach Reims die Initiative ergreifen können, da seine jüngste Siegesserie das anglo-burgundische Bündnis in Bedrängnis gebracht hatte. Er konnte auf Johannas wundersame Fähigkeit zählen, die Armee mit der göttlichen Zustimmung, die sie zu begleiten schien, zu motivieren. Er hatte zudem das Glück, eine Reihe zuverlässiger Offiziere an seiner Seite zu haben (etwa Johann von Orléans, La Hire oder den Herzog von Alençon), und seine Armee (die zu bezahlen er sich nicht leisten konnte) war an Männern und Enthusiasmus gewachsen. Wäre er mehr wie Heinrich V. veranlagt gewesen, wäre die Wahl eine reflexartige gewesen und der Krieg hätte vielleicht früher enden können. Auf jeden Fall würde er zugunsten Frankreichs und während Karls Regierungszeit als König enden.

Aber es gab noch weitere Überlegungen. Karl wurde womöglich von Schuldgefühlen wegen des Mordes an Johann Ohnefurcht im September 1419 geplagt und seine starken finanziellen Einschränkungen flossen gewiss in seine Entscheidung ein. Vielleicht befolgte er daher den Rat von La Trémoïlle und lenkte seine Bemühungen auf Diplomatie. Der 15-tägige Waffenstillstand war jedoch eine Farce, und der Frieden zwischen Burgund und den Armagnacs wurde erst mit der Unterzeichnung des Vertrags von Arras im Jahr 1435 endgültig verwirklicht.

Ab diesem Zeitpunkt gingen Karl und Johanna unterschiedliche Wege. Der von Karl führte über einen diplomatischen Frieden mit Burgund, Johannas über eine entscheidende militärische Konfrontation, mit der ein sofortiger Sieg errungen werden sollte. Beide Wege waren nicht miteinander vereinbar.

Johanna war in ihrer Einschätzung nicht allein, auch Alençon war der Meinung, dass Paris unverzüglich angegriffen werden sollte. Beide wussten nichts von den Verhandlungen über einen Waffenstillstand und erfuhren erst davon, als dieser unterzeichnet war. Johanna war entmutigt. Am 10. August vertraute Johanna dem Herzog von Orléans an, dass sie, wenn Gott es so wolle, nach Domrémy zurückkehren und ihren Eltern bei der Hausarbeit und in der dörflichen Seelsorge helfen würde.

Karl zog in Richtung Paris, legte die Pläne, die Stadt anzugreifen, nach der Unterzeichnung des Waffenstillstands jedoch beiseite. Die Städte entlang Karls Route unterwarfen sich bereitwillig dem neuen König. Am 4. August marschierte Bedford mit einer Armee zum linken Seine-Ufer und am 15. August kam es zwar zu einem Gefecht zwischen Franzosen und Engländern, aber zu keiner größeren Schlacht. Die Engländer spürten, dass die Franzosen keine entscheidende Schlacht führen würden, und zogen am nächsten Tag in Richtung Paris weiter.

Die Armagnacs verhandelten weiterhin mit Philipp über dessen Neutralität, es wurde jedoch keine Einigung erzielt. Am 28. August verständigten sich beide Seiten auf einen viermonatigen Waffenstillstand, der am 1. Januar 1430 enden sollte. Im Rahmen des Waffenstillstands erklärte sich Karl bereit, Städte an Philipp zurückzugeben, die den König als ihren Herrn anerkannt hatten. 36 Tage nach seinem Aufbruch aus Reims hatte Karl die 145 Kilometer zurückgelegt und erreichte Paris. Inzwischen waren weitere englische Truppen eingetroffen und hatten die Verteidigung der Stadt erheblich verstärkt. Bedford ernannte Philipp zu seinem Gouverneur und der Herzog von Burgund, der den Waffenstillstand als Hinhaltetaktik genutzt hatte, brach nun sein Versprechen.

Als Charles die burgundischen Machenschaften erkannte, stimmte er widerwillig zu, Paris am 8. September anzugreifen – vier Monate nach dem Sieg bei Orléans. Doch zu diesem Zeitpunkt waren seine Erfolgsaussichten stark gesunken. Die gewaltigen Mauern waren mit englischen Bogenschützen und Burgundern bemannt. Johanna kämpfte an vorderster Front, trieb die Franzosen zum Kampf an und forderte die Verteidiger auf, sich dem König zu ergeben. Gegen Ende des Tages wurde sie von einem Armbrustbolzen am Oberschenkel verletzt und musste das Schlachtfeld verlassen.

Der Angriff scheiterte und Karl brach den Ansturm am darauffolgenden Morgen ab und befahl der Armee, nach Saint-Denis zurückzukehren. Johanna und Alençon wollten weiterkämpfen, doch Karl beorderte sie am 10. September zurück und ordnete die Zerstörung einer Seine-Brücke an, was einen weiteren Angriff unmöglich machte.[20] Am 12. September, nach Verlusten von 1 000–2 000 Mann, gestand Karl seine Niederlage ein und marschierte mit seiner Armee nach Süden in Richtung Loire.

Während ihrer öffentlichen Mission sagte Johanna mehrmals, dass sie nur Verrat oder Treuebruch fürchtete. Am 31. Juli 1429 gewährte Karl den Bürgern von Domrémy und Greux auf Bitten Johannas und in Anerkennung ihrer Verdienste um Krone und Reich Steuerfreiheit. Am 23. Mai 1430, fast zehn Monate nach der Gewährung dieser Gunst, wurde Johanna vor den Mauern von Compiègne von Burgundern gefangen genommen und später an die Engländer verkauft. Es ist keine Überlieferung erhalten, dass Karl sich für ihre Freilassung eingesetzt hätte.

---

[20] Die Brücke war zu einem früheren Zeitpunkt von Alençon erbaut worden.

19

Fluss der Zeit
Leben am Hof bis zur Gefangennahme

Karl konnte es sich finanziell nicht leisten, eine Armee, die groß genug war, um Paris einzunehmen, aufzustellen und dauerhaft zu halten. Jene Soldaten, die im September nicht aus eigenem Antrieb, hungrig und ohne Sold abzogen, wurden im Oktober entlassen. Die Städte, die Karl auf dem Marsch durch Nordfrankreich die Treue geschworen hatten, blieben nach dem Rückzug ungeschützt und wurden von den Engländern und Burgundern erneut eingenommen, als weitere englische Verstärkung über den Ärmelkanal eintraf.

Johannas Wunde benötigte Zeit, um zu heilen, und so wurde sie nach Bourges geschickt, um sich drei Wochen lang unter dem Schutz des Herrn von Albret zu erholen. Ihre Gastgeber legten später Zeugnis von ihrer aufrichtigen Frömmigkeit, Demut und Keuschheit ab. Vielleicht dachte sie erneut daran, nach Domrémy zurückzukehren, als sie verstand, dass Karl kein Interesse an einer Schlacht zeigte, vermutlich hätte sie mit seinem Segen fortgehen können. Ihre Freundschaft mit Alençon war gewachsen und ihre gegenseitige Zusammenarbeit stand im Gegensatz zu Karls Politik der geduldigen Verhandlung. Was auch immer sie gedacht haben mochte, am Ende entschied sich Johanna dafür, am Hof zu bleiben.

Für mittelalterliche Könige war es vorteilhaft und sogar notwendig, zahlreiche Burgen und andere Beherbergungen für ihre Höfe zu halten. Bei einer solch großen Ansammlung von Menschen und einem steten Besucherstrom, der für das Funktionieren einer königlichen Regierung erforderlich ist, waren Hygiene und Sauberkeit ein ständiges Anliegen. Es war unvermeidlich, dass sich Abfälle ansammelten und der Geruch so unangenehm, ja sogar unerträglich wurde, dass eine Verlegung des Aufenthaltsortes notwendig wurde, um die königliche Würde zu wahren. Sobald der Hofstaat fortgezogen war, befreite eine Schar königlicher Diener die leerstehende Burg oder Festung von Schmutz und Unrat und bereitete sie für die Rückkehr des Monarchen vor.

Nur wenige Bauern hätten im Mittelalter Zugang zu einem Königshof gehabt. Karl und seine Berater überlegten beispielsweise mehrere Tage, bevor sie Johanna eine Audienz gewährten, und dass obwohl sie von den Engländern und Burgundern stark bedrängt wurden und Johanna eine gewisse lokale Berühmtheit als *la Pucelle* erlangt hatte, die Frankreich retten würde. Noch seltener waren Bauern, die an einem königlichen Hof wohnten und mit dem Hofstaat reisten. Was Johanna vollbracht hatte, wäre für die meisten Bauern ein außergewöhnlicher Erfolg gewesen, noch dazu, wenn sie den Status einer lebenden Legende erlangt hätten. Doch selbst die Verleihung des Adelstitels im Dezember 1429 schien sie nicht zufrieden zu stellen. Für Johanna würde es keine Genugtuung oder keinen Frieden geben, solange sie die Mission nicht erfüllt hatte, die ihr von ihren Stimmen anvertraut worden war.

Johanna war mit dem Leben am Hof unzufrieden, vermutlich vor allem deshalb, weil Karl einen ausschweifenden Lebensstil pflegte. Ihr einziges Ziel war es, die Engländer und Burgunder zu besiegen oder deren Kapitulation zu erzwingen. Doch der König verbot ihr auf Anraten seiner Berater, sich Alençon anzuschließen, da er befürchtete, sie könne einen militärischen Feldzug beginnen und damit die diplomatischen Bemühungen zwischen Karl und dem Herzog von Burgund zunichtemachen. Dies musste sie verärgert haben, sagte sie doch in ihrem Prozess aus, dass sie und die meisten Dorfbewohner Domrémys die Burgunder noch mehr verabscheuten als die Engländer – zweifellos weil die Plünderer, die sie einst überfielen, hauptsächlich Burgunder waren.

Johanna war für Karl wertvoll und hatte ihm große Dienste erwiesen, doch in den meisten Belangen waren sie völlig unterschiedlich. Karl war an einem königlichen Hof aufgewachsen, Johanna in einem Bauerndorf. Karl war von kultivierter Empfindsamkeit und gab sich den Vergnügungen des höfischen Lebens hin. Johanna war enthaltsam und an die rauen Sitten und das bäuerliche Leben gewöhnt. Karl war vorsichtig, misstrauisch, von Natur aus ein Verwalter, kein großer Heerführer und zog Diplomatie einem Kampf vor. Johanna war mutig, entschlossen, loyal, willensstark, eine Kriegerin und geborene Anführerin auf dem Schlachtfeld, wenn auch nicht ausgebildet in der Kriegsführung. Als Johanna 1430 gefangen genommen wurde, tat Karl das Einfachste: nichts. Trotz seines Treuebruchs verteidigte sie ihn vor ihren Feinden und bezeichnete ihn als guten Christen. Was Erziehung, Stand, Temperament sowie persönliches Verhalten anging, hätten Karl und Johanna unterschiedlicher nicht sein können.

Johanna passte auch nicht zu seinen Beratern und es war klar, dass sie beschäftigt und ihre Talente genutzt werden mussten. Zu dieser Zeit stand Perrinet Gressart, Anführer französischer Marodeure, im Dienste des anglo-burgundischen Bündnisses. Sein Reichtum und seine Macht wuchsen und er besetzte als Agent der Engländer, die ihn gut bezahlten, eine Reihe von Festungen in Zentralfrankreich. Da es wenig riskant erschien, Johanna mit einer Gruppe von Soldaten dorthinzuschicken, um seine Festungen anzugreifen und es die diplomatischen Bemühungen Karls mit Philipp nicht beeinträchtigen würde, wurde Johanna mit der Aufgabe betraut, Gressarts Machtbasis zu zerstören. Dies war zwar keine Mission, die ihr von ihren Stimmen aufgetragen wurde, dennoch nahm sie den Auftrag an, wahrscheinlich um dem König ihre Loyalität zu beweisen und um einer Bande von Marodeuren Gerechtigkeit widerfahren zu lassen.

Der überwältigende Erfolg, den sie bis zur Krönung in Reims erfahren hatte, blieb bei diesem Feldzug aus. Anfang November gelang es ihr, Saint-Pierre-le-Moûtier mit nur wenigen Männern durch einen direkten Angriff einzunehmen, doch als die königliche Armee Mitte November La Charité belagerte, wo sich Gressart aufhielt, zwangen das winterliche Wetter, mangelnde Vorräte und die fehlende Unterstützung durch Karl und seine Berater Johanna, das Vorhaben einen Monat später aufzugeben. Die gescheiterte Belagerung sorgte nicht nur für großen Unmut bei ihr, sondern auch für einen Ansehensverlust am Hof und bei den Soldaten. Sie kehrte an Karls Hof zurück, und Ende Dezember adelte der König sie und ihre Familie.

Zu Beginn des Jahres 1430 endete der viermonatige Waffenstillstand, der am 28. August zwischen Karl und Philipp geschlossen worden war. Der durch die Ankunft Johannas und die darauffolgenden Siege entstandene *Esprit de corps* in der königlichen Armee war nach dem unpopulären Waffenstillstand stark gesunken und es war kein dauerhafter Frieden zustande gekommen. Im März 1430 gab Karl schließlich Philipps Täuschungsmanöver zu.

Erschwerend kam hinzu, dass die Engländer Verstärkung und Nachschub in die Normandie schickten und Philipp Vorkehrungen traf, um die ihm von Karl versprochenen, jedoch bislang nicht übergebenen Städte mit Gewalt einzunehmen. Reims war ebenso bedroht wie Compiègne. Mitte April verkündeten

Johannas Stimmen, dass sie vor dem Johannistag, der in diesem Jahr auf den 24. Juni fiel, gefangen genommen werde würde.

Die Engländer und Burgunder starteten eine neue Offensive, die das Lager der Armagnacs überrumpelte. Der König verhandelte weiterhin mit Philipp und ohne ihn darüber zu informieren, brach Johanna Ende März mit einer Gruppe von Freiwilligen auf. In Lagny wurde ihr ein toter Säugling gereicht und als sie ihn in die Arme nahm, atmete das Kind. Es wurde umgehend getauft und verstarb kurz darauf. Johanna wurde öffentlich für das Wunder anerkannt und gefeiert. Sie nahm zudem Franquet d'Arras gefangen, einen Söldner, der der anglo-burgundischen Sache treu ergeben war. Sie beabsichtigte, ihn gegen einen gefangen genommenen Kameraden, Jacquet Guillaume, einzutauschen, doch als sie erfuhr, dass dieser hingerichtet worden war, übergab sie Franquet den örtlichen Gerichtsbeamten, die ihn als Verbrecher verurteilten und hinrichteten. Später wurden sie und ihr Heer bei Soissons, das sich zu Burgund bekannte, zurückgewiesen und mangelnde Vorräte zwangen sie dazu, zahlreiche Truppenverbände aufzulösen.

Mit ihren verbliebenen Soldaten marschierte sie nach Compiègne, um zu verhindern, dass die Stadt in burgundische Hände fiel. Am 23. Mai stürmten Johanna und ihre Begleiter aus der Stadt und griffen einen kleinen burgundischen Außenposten in Margny an. Nach anfänglichen Erfolgen wurde der Angriff zurückgeschlagen und viele ihrer Soldaten traten einen fliehenden Rückzug an. Johanna versuchte, sie zu sammeln, fiel jedoch zurück und das Stadttor wurde geschlossen, bevor sie hineingelangen konnte. Von burgundischen Truppen umzingelt und von einem englischen Bogenschützen vom Pferd gerissen, blieb ihr keine andere Wahl, als sich Lionel von Wandomme zu ergeben. Ihr Knappe Jean d'Aulon und ihr Bruder Pierre wurden ebenfalls gefangen genommen. Ein zeitgenössischer Chronist berichtete, dass die Engländer und Burgunder die Gefangennahme Johannas feierten, als hätten sie 500 Soldaten der Armagnacs gefasst. Als Philipp von dieser Nachricht erfuhr, eilte er herbei, um sie zu treffen.

Das Gespräch zwischen den beiden wurde nicht protokolliert.

20

Wüstenerfahrung
Inhaftierung

Lionel von Wandomme stand im Dienst von Johann II. von Luxemburg, dem Herrn von Beaurevoir, und übergab diesem Johanna bereits kurz nach ihrer Gefangennahme. Luxemburg war burgundisch gesinnt und stand im Sold der Engländer. Während der Verhandlungen mit Karl VII. und seinen Beratern war er der Hauptvertreter des Herzogs von Burgund und beteiligte sich an Philipps Täuschung. Er war zudem ein erfahrener Kriegsführer, der bei zahlreichen Gelegenheiten Ländereien geplündert hatte, die Karl die Treue hielten. Nachdem ihm Johanna als Gefangene übergeben worden war, hob er die Belagerung des gut verteidigten und versorgten Compiègne auf und brachte Johanna in seine Burg bei Beaulieu.

Johanna war eine wertvolle Kriegsbeute, die die Engländer unbedingt haben wollten. Sie hielten sie für eine Hexe, die im Kampf ihre magischen Kräfte gegen sie eingesetzt hatte, und sie fürchteten sie zudem, weil sie zu einem Symbol des französischen Nationalismus geworden war, das die öffentliche Meinung zugunsten Karls beeinflussen konnte. Luxemburg war jedoch kein Engländer und nicht verpflichtet, sie an diese auszuliefern. Gemäß den Gepflogenheiten hatte er das Recht, sie gegen einen oder mehrere Gefangene auszutauschen, sie an den Höchstbietenden zu verkaufen oder sie in Gewahrsam zu behalten.

Johanna unternahm einen Fluchtversuch aus Beaulieu und wurde nach Beaurevoir gebracht, wo sie von Johanns älterer Tante, Johanna von Luxemburg, sowie dessen Frau, Jeanne de Béthune, menschenwürdig behandelt wurde. Bei ihrem Prozess sagte sie aus, dass Johanna von Luxemburg ihren Neffen gebeten habe, sie nicht den Engländern zu übergeben. Die ältere Dame starb jedoch im September in Avignon. In jedem Fall war Johann II. von Luxemburg durch einen Treueeid an Philipp von Burgund gebunden und daher in seiner Entscheidung über Johannas Schicksal nicht völlig frei.

Während der Monate ihrer Gefangenschaft bei Johann II. drängten die Engländer die Burgunder, sie an sie zu verkaufen und sie nicht gegen ein Lösegeld an die Armagnacs zurückzugeben. Die Universität von Paris, die fest im anglo-burgundischen Lager stand, entsandte Ende Mai einen Brief, in dem sie die Auslieferung Johannas an die Kirche für ein kirchliches Verfahren forderte. Pierre Cauchon beteiligte sich aktiv daran, Druck auf die Burgunder auszuüben, und besuchte Johanna zweimal im Gefängnis. Cauchon war ehemaliger Rektor der Universität von Paris und derzeitiger Bischof von Beauvais. Er war zudem einst Bischof von Reims gewesen, hatte jedoch die Stadt verlassen und das Bistum verloren, als Reims Karl bei seiner Krönung Gehorsam schwor. Cauchon galt als intelligent, aber streng, und wollte Johanna vor ein Gericht stellen, dem er vorsaß.

Es gibt keine Aufzeichnungen über ein Angebot Karls oder der Armagnacs, Johanna freizukaufen, dennoch dauerte es Monate, bis ihr Verkauf an die Engländer abgeschlossen war. Man fragt sich, warum Johann II. und die Burgunder zögerten. Vielleicht dauerte es, den endgültigen Preis auszuhandeln oder das Geld aufzutreiben, vielleicht rechnete Johann auch damit, dass Karl die Engländer schließlich überbieten würde. Der König hatte jedoch finanzielle Schwierigkeiten und ließ vielleicht aus eigenen Gründen zu, dass Johanna für 10 000 Francs verkauft wurde. Das Geld stammte aus Steuern, die in der Normandie erhoben wurden.

Johanna war verzweifelt, als sie erfuhr, dass sie an die Engländer verkauft worden war, und noch mehr, als sie hörte, dass die Bürger von Compiègne nach einer erfolgreichen Belagerung massakriert werden sollten. In einem Fluchtversuch stürzte sie sich aus etwa 20 Metern Höhe aus einem Turm in einen trockenen Burggraben. Später sagte sie aus, dass sie lieber gestorben wäre, als den Engländern ausgeliefert zu werden und mitansehen zu müssen, wie die Menschen von Compiègne getötet werden. Sie bestritt jedoch jegliche Absicht, Selbstmord zu begehen. Johanna wurde bei dem Sturz verletzt, erholte sich jedoch rasch, was eine weitere bemerkenswerte Demonstration ihrer außergewöhnlichen körperlichen Robustheit war. Während ihres Prozesses gab sie zu, dass es falsch gewesen war, zu springen, und sie dies entgegen dem Rat ihrer Stimmen getan hatte, die sie ermahnt hatten, ihre Sünde zu bekennen und sich zu vergewissern, dass das Volk von Compiègne Hilfe von Gott erhalten würde. Die Belagerung wurde am 24. Oktober aufgehoben.

Während der Überführung nach Rouen wurde Johanna streng bewacht und sie erreichte die Stadt am 23. Dezember. In Europa waren viele erstaunt, dass sie in englische Hände gefallen war, und es herrschte die weit verbreitete Überzeugung, dass sie von Gott gerettet und befreit werden würde. Die Engländer waren ihr gegenüber misstrauisch und legten ihr Ketten an. Üblicherweise wurden Personen, die vor einem kirchlichen Gericht standen, in ein Kirchengefängnis gesperrt, das weitaus komfortabler gewesen wäre als die abscheulichen Zellen, die die Engländer für Johanna vorgesehen hatten. Dort wäre sie von Priestern und Ordensschwestern versorgt worden. Aber Cauchon und die Engländer gestatteten ihr diesen Luxus nicht. Johanna wurde in einer dunklen Zelle in einem Burgturm der Festung Bouvreuil eingesperrt und von hart gesottenen Soldaten – Männern „des niedrigsten Ranges" – bewacht, von denen drei nachts in ihrer Zelle schliefen, während zwei an der Tür blieben. Sie wurde stets in Fußeisen gehalten, schlief an ihr Bett gekettet und litt unter der ständigen Angst vor einer möglichen Vergewaltigung. Die Wachen drohten ihr bei mehreren Gelegenheiten, sie ihrer Jungfräulichkeit zu berauben, und verstärkten damit ihre seelischen Qualen.

21

Bewährungsprobe
Verhör und Gerichtsverfahren
Das Große Spiel

Für die Engländer war Johanna eine gefährliche militärische Gegnerin und sie hielten sie als Kriegsgefangene fest. Eine gemarterte Johanna wäre jedoch für sie gefährlicher als eine lebende, weshalb sie versuchten, sie als Ketzerin, Gotteslästererin oder Hexe zu diskreditieren, bevor sie sie hinrichteten – ein Ausgang, der stets als sicher galt. Jede Schande, die Johanna zugeschrieben werden konnte, würde auch den Ruf Karls beflecken und seine Legitimität als König infrage stellen.

Für Pierre Cauchon und das Kollegium an der Universität von Paris war Johanna eine gefährliche politische Gegnerin, die sie aus Angst vor einer Flucht in kein kirchliches Gefängnis sperren wollten. Sie war eine entschlossene Unterstützerin des Königs, von dem sie sich entfremdet hatte, und stand auf der Seite der Armagnacs, die sie ablehnten. In ihrem Bestreben, sie wegen Anklagen zu verurteilen, die sie nicht belegen konnten, dienten sie ihren eigenen politischen und persönlichen Interessen und denen der anglo-burgundischen Partei, nicht denen der wahren Kirche.

Historisch gesehen war die Angelegenheit jedoch komplizierter. Die Kirche hatte durch ihre Ohnmacht während der Pestepidemie sowie durch den Skandal des Avignonesischen Papsttums und des Abendländischen Schismas erheblich an Ansehen verloren. Diese Autoritätskrise wurde durch das Auftreten von Reformatoren im 14. Jh. verkompliziert. Der Gelehrte John Wycliffe (gest. 1384) übersetzte die Bibel ins Englische und veröffentlichte sie 1382. Eine volkssprachliche Version der Bibel bedeutete, dass jede Person, die des Lesens und Schreibens mächtig war, die Heilige Schrift unabhängig von der Autorität der Kirche studieren und interpretieren konnte. Wycliffes Ideen wurden später von Jan Hus übernommen, der 1415 als Ketzer verbrannt wurde. Dies führte in Böhmen zu einer Rebellion unter seinen Anhängern, die in einer Reihe von Bürgerkriegen gipfelte, die von 1419 bis 1434 andauerten. Die Kirchenführer waren zudem besorgt über neue spirituelle Bewegungen, die persönliche Inspiration, private Offenbarungen, übertriebene Heiligenverehrung und das individuelle Gewissen in den Vordergrund stellten. Ferner bedrohte die Enttäuschung der Massen auf weltlicher Ebene, die in der Jacquerie in Frankreich und dem Bauernaufstand in England kulminierte, nicht nur die zivile, sondern auch die kirchliche Autorität.

Zum Zeitpunkt von Johannas Gefangennahme hatte die Kirche mit einer anhaltenden Glaubwürdigkeitskrise zu kämpfen und ihre Führer übten Macht aus, um verlorenen Respekt zurückzugewinnen. In den Augen von Cauchon und seinen kirchlichen Verbündeten waren Johanna und ihre Stimmen eine Verkörperung der Bedrohung der kirchlichen Autorität durch religiösen Populismus; eine Bedrohung, die sie zu diskreditieren und auszumerzen hofften. Cauchon prahlte damit, dass sie ein „prachtvolles Verfahren" führen würden, die tatsächliche Entwicklung der Ereignisse musste ihn jedoch unangenehm überrascht haben.

Johanna wurde einer weiteren Untersuchung ihrer Jung-fräulichkeit unterzogen, dieses Mal von Anne von Burgund, der Duchess of Bedford, die sie erneut bestand. Dies war ein Schlag für Cauchon und die Engländer, ebenso wie die Untersuchung ihres Lebens in Domrémy, bei der keine Schuld oder Schuldzuweisung gefunden wurde, die sie hätte diskreditieren können.[21] Nachdem die Richter festgestellt hatten, dass sie eine Jungfrau war, und keine Beweise für Ketzerei oder Hexerei fanden, konnten sie keine formelle Anklage gegen sie erheben. Jean Lemaître, ein Dominikanermönch und der Vizeinquisitor, wäre der ranghöchste Kirchenvertreter bei diesem Prozess gewesen, weigerte sich jedoch, daran teilzunehmen, da es gegen sein Gewissen verstoße. Das Verfahren hatte für die Richter ungünstig begonnen, aber sie hofften, während ihres Verhörs

---

[21] Cauchon zeigte sich sehr unzufrieden mit den Ergebnissen der Untersuchung in Domrémy.

einen Vorwand für ihre Verurteilung zu finden. Bedford und die Engländer forderten dies.

Ihr Prozess begann am 9. Januar. Es gab nie Zweifel daran, wie das endgültige Urteil lauten würde, und Johanna wusste dies wahrscheinlich, auch wenn sie nie die Hoffnung auf ein rettendes Wunder verlor. Ihr Lebensweg hatte sie in die Fußstapfen des Herrn geführt, der 1 400 Jahre zuvor ebenfalls dem Willen eines unerbittlichen Feindes ausgeliefert gewesen war, ebenfalls einen Scheinprozess erduldet und einen öffentlichen, gewaltsamen und ungerechten Tod erlitten hatte. Am Ende konnten sich die religiösen Autoritäten ihrer und Seiner Zeit nur auf eine Fehlinterpretation ihrer Worte und grundlose Anschuldigungen verlassen, da nie glaubwürdige Beweise vorgelegt wurden, um sie zu verurteilen.

Der erste Verhandlungstag fand am Aschermittwoch, dem 21. Februar, statt. Bevor das eigentliche Verhör begann, bat Johanna um die Teilnahme an der Messe, was ihr jedoch aufgrund der Schwere der gegen sie erhobenen Anschuldigungen verweigert wurde. Cauchon eröffnete die Sitzung, indem er Johanna aufforderte, auf die Evangelien zu schwören, dass sie auf sämtliche Fragen wahrheitsgemäß antworten würde. Sie weigerte sich und sagte, dass sie nicht wisse, was von ihr verlangt würde, und dass ihre Stimmen ihr gesagt hätten, bestimmte Geheimnisse nicht preiszugeben. Die Angelegenheit wurde mit einem Kompromiss abgeschlossen, bei dem Johanna schwor, die

Wahrheit bezüglich ihrer religiösen Überzeugungen zu sprechen, jedoch nicht alles über ihre Offenbarungen preisgeben würde.

Sie wurde dann gebeten, ihren Namen zu nennen und über ihren familiären Hintergrund und ihren Heimatort zu berichten. Cauchon wies sie an, das Vaterunser zu sprechen, und Johanna sagte, dass sie dies nur tun würde, wenn er ihr die Beichte abnähme. Dies brachte Cauchon in eine unangenehme Lage. Wenn er sich weigerte, würde er eine seelsorgerische Pflicht verletzen. Wenn er zustimmte, wäre er an das Beichtgeheimnis gebunden und zu Verschwiegenheit über die abgelegte Beichte verpflichtet. Diese Eröffnung war ein Vorbote dessen, was noch kommen sollte – ein Duell des Intellekts und des Willens zwischen Johanna, der ein Rechtsbeistand vorenthalten wurde, und Cauchon und seinen Verbündeten, allesamt hoch qualifizierte Theologen an der Universität von Paris. Johanna behauptete sich jedoch so gut, dass Cauchon den Prozess später aus dem öffentlichen Saal in ihre Zelle verlegte.

Unter den etwa vierzig Prälaten und Doktoren der Theologie befanden sich Schreiber, die die Verhandlung protokollierten. Einer von ihnen war Guillaume Manchon, der später berichtete, dass er dazu gedrängt worden war, die Aussagen Johannas falsch wiederzugeben. Er sagte auch aus, dass ein Notar eine inoffizielle Abschrift anfertigte. Manchons Beschwerden bei Cauchon über diese Unregelmäßigkeiten führten zu einem wütenden Verweis.

Der Dominikaner Jean Lemaître kam schließlich am 22. Februar widerwillig zur zweiten Verhandlung nach Rouen, nachdem Cauchon an seinen Ordensoberen geschrieben hatte. Dem Prozess blieb er jedoch so weit wie möglich fern. Lemaître war wahrscheinlich verärgert über die Methoden, die von den Vernehmungsbeamten angewandt wurden. Da es keine Beweise für eine Schuld und auch kein Verbrechen gab, das man ihr offiziell vorwerfen konnte, versuchten die Prälaten, Johanna zu verwirren und zu zermürben, indem sie mehrere Fragen gleichzeitig stellten, manchmal von mehr als einer Person. Sie wurde häufig unterbrochen, was sie sehr verärgerte. Eine weitere Taktik bestand darin, ihr dieselbe Frage in verschiedenen Sitzungen zu stellen und dann ihre Antworten zu vergleichen, um nach Ungereimtheiten zu suchen.

Aber Johanna war der Aufgabe gewachsen. Sie ertrug die Strapazen der Gefangenschaft mit großer Standhaftigkeit und bewahrte vor den kirchlichen Richtern eine bemerkenswerte Gelassenheit. Sie trug stets Fesseln, war nachts an einen schweren Holzblock gekettet und wurde von Engländern „des niedrigsten Ranges" bewacht. Ihre Stimmen sagten ihr, sie solle mutig bleiben, und sie antwortete so klug, dass die Schreiber angewiesen wurden, ihre Antworten in der dritten Person statt in der ersten Person zu protokollieren, um die Wirkung ihrer Aussagen abzuschwächen. Mehrere Anwesende bescheinigten Johanna ein hervorragendes Gedächtnis und eine Intelligenz, die weit über ihr Alter und ihren Bildungsstand hinausging.

Da die Richter keine Beweise für Ketzerei, Gotteslästerung oder Hexerei fanden, befragten sie Johanna ausführlich über das

Tragen von Männerkleidung. Sie sagte aus, dass sie sich bemühe, stets dem Willen Gottes zu gehorchen, und die Art ihrer Kleidung eine unwichtige Angelegenheit sei. Die Armagnacs hatten Johannas Kleiderwahl als praktisch akzeptiert, da sie unter Männern lebte und oft zu Pferde ritt. Auch aus religiöser Sicht erschien diese Maßnahme sinnvoll, da sie von ihren Stimmen angewiesen wurde, ihre Jungfräulichkeit zu bewahren, und Hosen weitaus wirksamer waren, um Vergewaltigungen zu verhindern, als ein Kleid. Die Inquisitoren kamen in dem Versuch, Johanna zu verwirren und zu ermüden, regelmäßig auf dieses Thema zurück.

Johanna verteidigte sich in diesem und allen anderen Punkten so gut, dass der Prozess für Cauchon und seine Verbündeten zu einer öffentlichen Blamage wurde. Johannas Mut und Intelligenz war der Voreingenommenheit und Vehemenz ihrer Gegner ebenbürtig. Dies förderte die Sympathie für Johanna unter den Beisitzern, die nicht mit Cauchon verbündet waren. Einige kritisierten die unverhältnismäßige Härte des Bischofs von Beauvais und verließen Rouen heimlich, als sich zeigte, dass Cauchon bereit war, Gewalt anzuwenden. Cauchon und drei weitere ausgewählte Richter änderten ihre Taktik und begannen, Johanna in ihrer Zelle aufzusuchen und die Befragung dort durchzuführen – eine von vielen Unregelmäßigkeiten, die während ihres Rehabilitationsprozesses aufgedeckt wurden.

Vom 10. bis zum 17. März wurden fast täglich private Verhöre in Johannas Zelle durchgeführt, doch trotz intensiver Befragung durch mehrere Professoren der Universität Paris und der Androhung von Folter konnte kein Beweis für ihre Schuld erbracht werden. Damit endete die Vorphase von Johannas kirchlichem Verfahren, in der die Angeklagte verhört wurde und die Möglichkeit hatte, vor Beginn des ordentlichen Prozesses einen Widerruf zu erklären. Während dieser Tortur wurde Johanna fast täglich von ihren Stimmen getröstet, die ihr sagten, dass sie von ihren Leiden erlöst werden würde und sie das Martyrium mit Gelassenheit annehmen solle. Sie nahm an, dass ihre Stimmen mit Martyrium die Strapazen ihres Prozesses und ihrer Inhaftierung meinten, und hoffte weiterhin, dass ihr Leben verschont bleiben würde. Doch ihre Stimmen hatten etwas anderes im Sinn.

Die nächste Phase des Prozesses begann am 26. März. Seit dem 17. März war eine Liste mit siebzig formellen Anklagepunkten verfasst worden, diese wurde Johanna am 27. und 28. März vorgelesen. Johannas Worte wurden dabei missinterpretiert und viele der Vorwürfe basierten auf gefälschten Aufzeichnungen. Einige waren reine Erfindung. Johanna wurde aufgefordert, auf jeden Anklagepunkt zu antworten, sie blieb jedoch standhaft bei den Antworten, die sie zuvor gegeben hatte. Sie weigerte sich, die Echtheit ihrer Stimmen und den göttlichen Ursprung ihrer Mission zu leugnen. Cauchon war frustriert und wusste, dass er sie ohne tatsächliche Beweise nur verurteilen konnte, wenn er sie zwang, ihre Schuld zuzugeben. Er verlangte, dass sie sich ihm und der in Rouen versammelten Prälaten als Vertreter der kirchlichen Autorität auf Erden unterwarf.

Am 31. März wurde Johanna erneut unter vier Augen verhört. Da sie immer verzweifelter wurde und die Engländer auf eine Verurteilung drängten, forderten ihre Vernehmungsbeamten sie erneut auf, sich ihrer Autorität zu unterwerfen und ihre Schuld zuzugeben. Auf diese Forderung hatte sie in der Vorphase geantwortet, dass sie sich dem Papst unterwerfen würde, wenn sie zu ihm gebracht würde, was ihr jedoch verweigert wurde. Sie verteidigte sich auch damit, dass ihre oberste Pflicht darin bestehe, stets dem Willen Gottes zu gehorchen und dem Rat ihrer Stimmen zu folgen, da diese für sie den Willen Gottes verkörperten. Johannas Weigerung, sich dem Willen Cauchons und der anderen Richter zu beugen und ihre Schuld einzugestehen, wurde als Verstoß gegen die Autorität der Kirche ausgelegt.

Zwischen dem 2. und 7. April wurden die ursprünglichen 70 Anklagepunkte auf zwölf gekürzt und den Beisitzern in Rouen und Theologen an der Universität von Paris vorgelegt. Johanna erkrankte, nachdem sie Fisch gegessen hatte, der ihr von Cauchons Tisch geschickt worden war. Sie glaubte, vergiftet worden zu sein, und teilte dies den Ärzten mit. Der Bischof von Beauvais könnte auf schändliche Mittel zurückgegriffen haben, um Johanna zu schwächen, da er unter großem Druck seitens Engländer stand. Diese wollten jedoch nicht, dass sie im Gefängnis starb. Cauchon besuchte sie am 18. April erneut, um sie aufzufordern, sich der Autorität der Richter zu unterwerfen.

Die Theologen an der Universität von Paris waren sich über Johannas Schuld einig, aber nicht alle Beisitzer waren damit einverstanden, sie zu verurteilen, ohne dass sie sich der Autorität der Kirche unterwarf. Dies brachte Cauchon in eine schwierige Lage. Johanna bewies einmal mehr ihre erstaunliche körperliche und geistige Ausdauer und erholte sich von ihrer Krankheit. Am 10. Mai wurde ihr in Anwesenheit des Henkers Maugier Leparmentier und dessen Gehilfen Folter angedroht. Sie antwortete, dass sie selbst dann, wenn man sie einzeln in Stücke reißen würde, keine weiteren Fragen beantworten oder ihre Antworten ändern würde. Leparmentier war bei ihrer Hinrichtung am 30. Mai anwesend und bezeugte Johannas Heldentum und das Mitleid, das viele Umstehende, darunter auch einige Engländer, zum Ausdruck brachten.

Am 24. Mai ließ Cauchon Johanna zum Friedhof der Abtei Saint-Ouen bringen, wo Plattformen errichtet worden waren. Auf einer waren Würdenträger der Kirche, Äbte aus örtlichen Klöstern und ihre Richter versammelt. Johanna wurde auf eine separate Plattform gegenüber den Würdenträgern geführt und hörte eine Predigt von Guillaume Érard, der Anschuldigungen erhob und ihre angeblichen Verbrechen anprangerte. An einer Stelle kritisierte er Karl VII. und Johanna unterbrach ihn, um den König zu verteidigen, wurde aber aufgefordert, zu schweigen. Als Érard seine Predigt beendete, appellierte Johanna erneut an Gott und den Papst.

Die Berichte von Augenzeugen gehen an dieser Stelle auseinander. Fest steht, dass ihr ein Dokument zur Unterschrift vorgelegt wurde, das eine Abschwörung enthielt. Ein Augenzeuge, Aimond de Macy, sagte aus, dass Laurence Calot, der Sekretär des Königs von England, Johanna das Dokument überreichte und ihre Hand hielt, während sie mit einem Kreuz unterschrieb. Jean Massieu, der mit ihr auf der Plattform stand, gab eine andere Darstellung. Er sagte aus, dass sie das Dokument nicht verstand und darum bat, dass es ihr von Geistlichen erklärt wurde. Érard forderte sie lediglich auf, es zu unterzeichnen und sich der Kirche zu unterwerfen. Laut Jean Massieu bestand das Dokument aus etwa acht Zeilen und enthielt unter anderem die Versprechen, dass Johanna keine Männerkleidung mehr tragen, ihr Haar nicht mehr kurz schneiden und nie wieder Waffen gegen die Engländer erheben würde. Massieu berichtete, dass das Dokument, das schließlich in die offiziellen Akten aufgenommen wurde, 47 Zeilen enthielt und sie darin zugab, dass ihre Stimmen böse Geister waren und sie sich der ihr zur Last gelegten religiösen Verbrechen schuldig gemacht hatte.

Es ist auch ungewiss, wie Johanna nach der Unterzeichnung der Abschwörung behandelt werden sollte. Wahrscheinlich dachte sie, sie würde einige Jahre in einem Kirchengefängnis verbringen und dann nach Domrémy zurückkehren dürfen, wie es bei reuigen Ketzern üblich war. Sie würde auch während ihrer Haft die Messe besuchen und die Sakramente empfangen dürfen. Nachdem sie das Dokument unterzeichnet hatte, erfuhr sie jedoch, dass sie für den Rest ihres Lebens in einem englischen

Gefängnis unter englischer Bewachung festgehalten werden würde; ein Schicksal, das sie fürchtete.

Die Engländer waren über Cauchons Vorgehen und das der übrigen Kirchenvertreter erzürnt. Sie hatten Johanna den Burgundern für viel Geld abgekauft und wollten sie hinrichten. Einige englische Adlige zogen ihre Schwerter gegen die Kirchenmänner, doch einer der Geistlichen versicherte ihnen, dass Johanna dem von ihnen gewünschten Ende nicht entgehen würde.

Cauchon befahl, Johanna zurück in ihre Zelle zu bringen. Man gab ihr ein Kleid und schor ihr den Kopf, wie es bei reuigen Ketzern üblich war. Drei Tage später trug Johanna erneut Männerkleidung. Die Ereignisse dieser drei Tage sind nicht sicher belegt, aber es scheint, dass Johanna von den englischen Wachen belästigt wurde und ihre Jungfräulichkeit bedroht war. Massieu sagte aus, dass die Engländer ihr eines Nachts ihr Kleid wegnahmen und ihr Männerkleidung zurückließen. Da Johanna keine andere Wahl blieb, trug sie diese ab dem 27. Mai.

Was auch immer geschehen war, Cauchon, Jean Lemaître und weitere Richter besuchten sie am nächsten Morgen. Sie sagte, dass sie aus freien Stücken Männerkleidung trage, da sie unter Männern lebe und nicht das erhalten habe, was ihr versprochen worden war: dass sie nicht in ein Kirchengefängnis, sondern ein englisches gesperrt werden sollte, dass sie in Ketten gehalten und ihr nicht erlaubt werde, die Kommunion zu empfangen. Sie sagte, sie würde erst dann wieder Frauenkleider tragen, wenn die

Versprechen eingehalten würden. Auf die Frage nach ihren Stimmen antwortete sie, dass diese sie erneut besucht und ihr gesagt hätten, es sei falsch gewesen, die Abschwörung zu unterzeichnen. Sie wiederholte, dass sie zu keinem Zeitpunkt die Absicht gehabt habe, ihren Stimmen abzuschwören, und fügte hinzu, dass es die Angst, lebendig verbrannt zu werden, gewesen sei, die ihre Entschlossenheit geschwächt habe. Den Richtern war klar, dass Johanna ihren selbstbewussten Trotz wiedergefunden hatte und sie es fürchtete, den Rest ihres Lebens in einem englischen Gefängnis zu verbringen.

Cauchon hatte nun den Vorwand, den er brauchte, um sie als rückfällige Ketzerin zu verurteilen. Am 30. Mai wurde sie im Gefängnis von zwei Dominikanern besucht. Martin Ladvenu nahm ihr die Beichte ab und teilte ihr mit, dass sie den Engländern zur Hinrichtung übergeben und noch am selben Tag auf dem Scheiterhaufen verbrannt werden würde. Johanna begann laut zu weinen und zu klagen, zog an ihren Haaren und beschwerte sich bei Gott über diese ungerechte Behandlung. Sie beklagte insbesondere die Härte und Gewalt der englischen Wachen, machte Cauchon bei dessen nächsten Besuch bittere Vorwürfe und nannte ihn den Grund für ihr tödliches Unglück.

Später berichtete Jean Massieu, dass Johanna Ladvenu nach ihrem Geständnis gefragt habe, ob sie die Eucharistie empfangen dürfe. Ladvenu war sich nicht sicher und schickte einen Boten zu Cauchon, um ihn um Erlaubnis zu bitten. In einem der überraschendsten Momente dieses Prozesses wies Cauchon den

Boten an, ihr den Empfang der Eucharistie zu gestatten und ihr alles andere zu geben, was sie wollte. Einer exkommunizierten und rückfällig gewordenen Ketzerin die Kommunion zu erteilen, wäre ein Sakrileg, und dass Cauchon dies zuließ, lässt daran zweifeln, ob er wirklich davon überzeugt war, dass Johanna sich in einem Zustand der Todsünde befand und der Verbrechen schuldig war, derer sie verurteilt wurde.

22

Deus ex Machina
Johannas Heldenmoment
Jungfrau, Heldin, Märtyrerin, Heilige

Die Plattformen wurden am nächsten Tag erneut errichtet, dieses Mal auf dem Alten Marktplatz, wo Johanna ihre letzten, qualvollen Momente durchleben sollte. Sie wurde von englischen Wachen und einigen mitfühlenden Beisitzern aus ihrer Gefängniszelle auf einen Karren geführt und dann durch die Straßen von Rouen zur Hinrichtungsstätte gebracht. Schaulustige bedauerten oder bejubelten das Schicksal der Unglücklichen und eine große Menschenmenge versammelte sich, als Nicolas Midy eine letzte Predigt hielt, in der er Johanna denunzierte. Laut Jean Massieu waren 800 bewaffnete englische Soldaten vor Ort, um jegliche Rettung oder Flucht zu verhindern.

Während des gesamten Spektakels betete Johanna laut zu ihren Stimmen und vertraute darauf, dass Gott sie retten würde. Als Midy seine Predigt beendet hatte, trat Cauchon vor, um das Urteil zu verkünden. Nachdem er ihre angeblichen Vergehen und die Mittel, die die Kirche eingesetzt hatte, um sie zur Buße zu bewegen, aufgelistet hatte, verkündete er die kirchliche Strafe der Exkommunikation und übergab sie offiziell den Engländern zur Hinrichtung. Später sollte in Johannas Rehabilitierungsprozess festgestellt werden, dass Cauchon nie ein Urteil vor einem weltlichen Gericht erwirkt hatte, was ein schwerwiegendes Versäumnis war, da die Kirche nicht die Autorität hatte, Menschen zum Tode zu verurteilen.

Kurz darauf schoben die Wachen sie auf das Schafott und forderten den Henker Geoffrey Thérage auf, seine Pflicht zu erfüllen. Als Johanna an den Pfahl gekettet wurde, bat sie um ein Kreuz, und ein Engländer, der in der Nähe stand, fertigte eines aus zwei Stöcken an und reichte es ihr. Sie küsste es andächtig, während sie laute Gebete sprach, und steckte es sich an die Brust. Bruder Isambart de La Pierre verließ den Schauplatz und kehrte mit einem Kreuz in der Hand zurück, das er hochhielt, damit sie es sehen konnte, während sie verbrannte. Massieu war mit ihr auf dem Schafott und spendete ihr Trost und Zuspruch. Schließlich wurde er von einem englischen Hauptmann zur Rede gestellt, der wissen wollte, ob der Mönch vorhabe, sie „bis zum Abendessen" dort festzuhalten.

Die ungeduldigen englischen Wachen scheuchten den Geistlichen vom Schafott und drängten Thérage, das Dekret des Bischofs zu vollstrecken und die grausame Angelegenheit abzuschließen. Er zögerte, fügte sich aber und gestand sich mit Bedauern die vermeintliche Unausweichlichkeit des Augenblicks ein, wie Pilatus es 1 400 Jahre zuvor getan hatte. Das Feuerholz um Johanna wurde entzündet und Flammen züngelten am Kleinholz, während Rauch über die Menge zog. Das Holz war weiter hinten vom Scheiterhaufen entfernt aufgestellt worden, um ihren Tod noch qualvoller zu machen, ein letztes Zeugnis der Rachsucht ihrer Feinde. Die Hitze wurde immer intensiver und Johannas Stimme war noch klar und deutlich zu hören; ihr lautes Wehklagen begleitete den Rauch, der wie Weihrauch von einem hebräischen Brandopfer zum Himmel aufstieg.

„JESUS! …"

Die Flammen schlugen über den Scheiterhaufen.

„JESUS! …"

Viele der englischen Wachen verstummten, da sie sich der Richtigkeit ihrer Sache nicht mehr sicher waren.

„JESUS! …"

Die Geräusche der Menge verebbten, als die Menschen in Rouen sich bemühten, ihre letzten Worte zu hören.

„JESUS! …"

Die Flammen verschlangen die Unglückliche, während das Knistern zu einem infernalischen Lärm anschwoll. Bedford fragte sich einen Moment lang, wie eine solche Hinrichtung den englischen Interessen dienen sollte. Cauchon unterdrückte einen aufsteigenden Vorwurf, der seine unerbittliche Entschlossenheit zu durchbrechen drohte.

„JESUS! …"

Viele der Umstehenden waren vor Mitleid und einige zu Tränen gerührt. Selbst unter den englischen Wachen wurden verhärtete Herzen erweicht, wie es manchmal der Fall ist, wenn das Leben eines der ihren, der von einer menschlichen Mutter geboren wurde, ausgelöscht werden soll.

„JESUS! …"

Noch bevor sie starb, wusste Thérage es: Er bestrafte diese Frau nicht wegen eines Verbrechens und folterte sie auch nicht für ein bedeutungsloses Geständnis. Er tat lediglich seine Pflicht, aber er wusste, dass sie eine Heilige töteten.

„JESUS! …", rief die Stimme ein letztes Mal, ihre Gestalt war inmitten des alles verschlingenden Infernos kaum noch zu vernehmen.

Schließlich senkte sie den Kopf und sprach nicht mehr.

~

Das Knistern der Flammen hielt an. Ansonsten herrschte Stille.

Die Tat war vollbracht. Ihre Feinde hatten ihren Willen bekommen. Ein Gefühl der Endgültigkeit legte sich über den Platz, aber wenig Erfüllung stellte sich unter denen ein, die einst geglaubt hatten, sie sei ihre Feindin. Reue und Trauer, die sie zuvor kaum oder gar nicht verspürt hatten, drangen nun ins

Bewusstsein, und selbst unter der englischen Garde gab es Männer, deren Herzen sich für immer veränderten.

Die Tat war auf einem öffentlichen Platz begangen worden, sodass der gesamte Himmel sie sehen konnte – als ob diese schonungslose Darstellung die Tat moralisch rechtfertigen würde.

Weder Hexe noch Gotteslästererin noch Hure. Bedford fragte sich, was darauf nun folgen würde.

~

Ihre sterblichen Überreste wurden dreimal verbrannt. Als die Flammen schließlich erloschen, sammelten die Engländer ihre Asche ein und streuten sie in die Seine. Es sollte kein Denkmal, keine Grabstätte, keinen Grabstein und kein letztes Zeugnis für diese junge Heldin aus Domrémy geben, außer dem, was ihr die Geschichte und die Kirche schließlich zuteilwerden ließen.

23

Sieg und Rehabilitierung
Der Hundertjährige Krieg (1431–1453)

Nach Johannas Tod und in dem Glauben, eine gefährliche Feindin besiegt zu haben, nahmen die Engländer ihren Feldzug gegen Karl und die Armagnacs auf und belagerten Louviers, das am 28. Oktober 1431 kapitulierte. Karls Schwager, König René von Anjou, wurde in der Schlacht von Bulgnéville gefangen genommen und eine königliche Armee wurde in der Nähe von Beauvais und Champagne besiegt. Heinrich VI., der neunjährige König von England, wurde nach Frankreich gebracht, um am Sonntag, dem 16. Dezember, in Notre Dame in Paris zum König von Frankreich gesalbt zu werden – nicht aber aus der heiligen Phiole, die in der Abtei Saint-Rémy in Reims aufbewahrt wurde.

Am 20. Februar 1432 eroberte Johann von Orléans Chartres zurück und später im selben Jahr war der Duke of Bedford gezwungen, die Belagerung von Lagny aufzuheben. Ein Mordversuch an La Trémoïlle in Chinon scheiterte, da das Schwert aufgrund seiner Fettleibigkeit nur eine oberflächliche Wunde verursachte. Er wurde für kurze Zeit inhaftiert und vom

Hofe Karls verbannt. Dies signalisierte eine Veränderung im Vorgehen Karls und seiner Berater bei der Regelung interner Angelegenheiten. Die französische Bevölkerung wünschte sich ein stärkeres militärisches Vorgehen gegen die Engländer und La Trémoïlle musste ersetzt werden.

Dennoch wurden die diplomatischen Bemühungen zwischen Karl und den Burgundern fortgesetzt. Ein Durchbruch gelang, als Bedfords Frau, die auch die Schwester des Herzogs von Burgund war, 1432 starb. Eine starke Verbindung zwischen Bedford und Burgund war nun aufgelöst und Philipps Sympathie für die englische Sache schwand. Im Januar 1435 fanden in Nevers Friedensgespräche zwischen den Franzosen und den Burgundern statt, die jedoch ohne Vertrag endeten. Eine weitere Verhandlungsrunde, an der auch die Engländer teilnahmen, fand im August in Arras statt, wobei die englischen Delegierten nach sechs Wochen abreisten und Verhandlungen über die Normandie oder die Königswürde Frankreichs ablehnten. Bedford starb am 12. September in Rouen, wodurch ein Machtvakuum entstand, da er der Regent Heinrichs VI. in Frankreich war. Er wurde durch Ludwig von Luxemburg ersetzt, der nicht über die Fähigkeiten und das Fingerspitzengefühl seines Vorgängers verfügte und sich von der Pariser Bürgerschaft entfremdete.

Mit Bedfords Tod endete de facto die anglo-burgundische Allianz, da ein wichtiges Hindernis für die Versöhnung zwischen Karl und Philipp beseitigt wurde. Am 21. September wurde der Vertrag von Arras unterzeichnet, und Philipp erkannte Karl als den rechtmäßigen König Frankreichs an. Im Gegenzug gewährte Karl Philipp zusätzliche Ländereien und versprach, dass sich sein Vertreter vor Philipp für den Mord an Johann Ohnefurcht auf Knien entschuldigen würde. Er verpflichtete sich zudem, ein Denkmal für Johann zu errichten.

Der Bürgerkrieg war endlich vorbei und die Burgunder gaben die englische Sache auf. Ironischerweise starb Karls Mutter, Isabeau von Bayern, die den Vertrag von Troyes und die Enterbung Karls vom Thron Frankreichs unterstützt hatte, am 24. September.

Die Engländer bezeichneten den Vertrag von Arras als Verrat von Philipp an Heinrich. Der Krieg wendete sich immer mehr gegen die Engländer, als Volksaufstände in Nordfrankreich sie zwangen, ihre verbliebenen Festungen aufzugeben. Im Februar 1436 belagerten französische Truppen unter der Führung von Connétable Arthur de Richemont, der La Trémoïlle am Hofe Karls abgelöst hatte, Paris. Er wurde von Johann von Orléans und dem Burgunder Villiers de l'Isle Adam unterstützt. Am 17. April 1436 drang Richemont mithilfe der Pariser Bürger in die Stadt ein. Nach kurzen Verhandlungen wurde der englischen Garnison gestattet, die Stadt sicher zu verlassen, was jedoch unter Buhrufen und höhnischem Gelächter geschah. 1437 zog Karl triumphierend in Paris ein und erfüllte damit die Vorhersage Johannas aus dem Jahr 1429 in Poitiers, dass Paris binnen sieben Jahren zurück an Karl fallen würde.

Eine weitere Vorhersage Johannas sollte sich 1440 erfüllen, als Charles, Herzog von Orléans, nach 25 Jahren in englischer Gefangenschaft – in bescheidenen, jedoch komfortablen Bedingungen – nach Frankreich zurückkehrte. 1440 kam es auch zu einer Verschwörung gegen Karl VII., bekannt als Praguerie, angeführt von unzufriedenen Adeligen, zu denen sein einstiger Verbündeter, der Herzog von Alençon, sowie die Herzöge von Bourbon und der Bretagne gehörten, die eifersüchtig auf die Macht von Richemont waren. Ebenfalls darin verwickelt waren der Herzog von Burgund und Karls Sohn, der Dauphin Ludwig, der nach Macht strebte, die Karl nicht bereit war, ihm zu geben. Das Verhältnis Karls zu seinem ehrgeizigen Sohn blieb zeitlebens schwierig. 1446 verbannte der König seinen Erben nach Dauphiné. Karl forderte Ludwig später auf, an den Hof zurückzukehren, doch dieser weigerte sich und suchte schließlich 1456 Zuflucht bei Philipp.

Die Kämpfe zwischen den Franzosen und den Engländern gingen weiter, wenngleich sich einige englische Adelige, darunter die Herzöge von Beaufort und Suffolk, für den Frieden einsetzten. Suffolk gelang es, 1444 den Waffenstillstand von Tours zu erwirken, der zwei Jahre lang andauerte und vorsah, dass die Franzosen die Kontrolle über die Grafschaft Le Maine erlangen und Heinrich VI. Margarete von Anjou, die Tochter Renés von Anjou und die sechzehnjährige Nichte Karls, zur Frau nehmen würde. Sie heirateten im Februar 1445 und Margarete wurde im Mai zur Königin gekrönt. Margarete war eingefleischte Französin und unterstützte den Anspruch des englischen Königs auf den französischen Thron nicht. Heinrich hingegen war geistig und körperlich schwach, sodass sie ihn einigermaßen unter Kontrolle hielt. Das englische Volk verachtete die Königin.

Le Maine wurde 1448 an die Franzosen übergeben und der Waffenstillstand wurde für weitere zwei Jahre bis 1450 verlängert. 1449 überfielen die Engländer die Grenzfestung von Fougères, was Karl einen Vorwand für einen Feldzug in der Normandie lieferte. Der König hatte die französische Armee im Laufe der Jahre reformiert und sie zum ersten voll bezahlten stehenden Heer Europas gemacht. Zu seinen Reformen gehörte auch die Entwicklung der Artillerie und die Ausbildung von Artillerieoffizieren. Der französische Feldzug in der Normandie begann im Juli 1449, im November marschierte Karl in die Hauptstadt Rouen ein, nachdem sich die Bürger gegen die Engländer aufgelehnt hatten. Der englischen Garnison wurde ein sicherer Abzug aus der Stadt gestattet, aber Talbot, ihr Kommandant, musste als Gefangener zurückbleiben.

Am 15. März 1450 landete Thomas Kyriell mit 4 000 englischen Soldaten in Cherbourg und marschierte los, um die französische Belagerung von Bayeux zu beenden. Er wurde vom Grafen von Clermont in der Nähe des Dorfes Fromigny abgefangen. Die Franzosen weigerten sich, wie in Crécy, Poitiers und Azincourt zum Angriff überzugehen, und setzten stattdessen ihre Kanonen ein. Gegen Abend traf Richemont zur Unterstützung Clermonts ein und die englischen Truppen wurden vernichtet. Dadurch wurde es den Engländern unmöglich, die Normandie zu verteidigen.

Die englischen Könige waren seit 1066 im Besitz des mächtigen Herzogtums Normandie, als Wilhelm der Eroberer in der Schlacht von Hastings die englische Krone von Harold Godwinson eroberte. Die normannische Eroberung Englands sorgte für ständige Spannungen zwischen den Königen von England und Frankreich, und das Jahr 1066 kann als Ursprung des Hundertjährigen Krieges angesehen werden. Fast 400 Jahre später wurde dieser Stachel im Fleisch des französischen Königs entfernt und Karl VII. sollte der Sieg im Hundertjährigen Krieg zugeschrieben werden. Das Schicksal seines Gegenübers, Heinrich VI. von England, sollte ein weitaus weniger glückliches sein.

Nachdem Charles die Kontrolle über Rouen erlangt hatte, forderte er seinen Berater Guillaume Bouillé auf, eine Untersuchung über das Verfahren und die Hinrichtung Johannas einzuleiten. Die noch lebenden Prozessteilnehmer wurden ab dem 2. Mai 1450 als Zeugen vorgeladen. Unter ihnen waren:

- Guillaume Manchon (Schreiber)

- Pierre Miget (Richter)

- Vier Dominikanermönche: Isambart de La Pierre, Martin Ladvenu (beide standen mit Johanna auf dem Schafott), Guillaume Duval und Jean Toutmouillé

- Jean Massieu (der Johanna vor jeder Anhörung aus ihrer Zelle in den Gerichtssaal führte)

- Jean Beaupére (ein Unterstützer Cauchons)

Zu denjenigen, die nicht mehr an der Untersuchung teilnehmen konnten, gehörten drei von Johannas unerbittlichsten Feinden:

- Pierre Cauchon (gest. 1442)

- Jean d'Estivet (gest. 1438)

- Nicolas Midy (gest. 1442)

Die Verhandlungen gipfelten in einem Antrag an den Heiligen Stuhl auf ein Rehabilitationsverfahren. Am 7. November 1455 bat die betagte Mutter Johannas in einer von Karl und seinen Beratern arrangierten öffentlichen Zeremonie in der Kathedrale Notre-Dame in Paris drei Vertreter des Papstes um ein Rehabilitationsverfahren. Das Verfahren wurde in den Großen Saal in Rouen verlegt und am 7. Juli 1456 mit einer Nichtigkeitserklärung abgeschlossen.

Zwischen der ersten Untersuchung und dem endgültigen Urteil übten die Franzosen weiterhin Druck auf die englischen Besitztümer in Frankreich aus. 1453 schickte Karl französische Truppen nach Guyenne und in die Gascogne, um die Engländer endgültig aus Frankreich zu vertreiben. Am 17. Juli kam es zur Schlacht von Castillon, bei der erstmals in großem Umfang Feldartillerie eingesetzt wurde. Die französischen Kanonen mähten die englischen Truppen reihenweise nieder. Diejenigen, die nicht getötet wurden, ergaben sich. Dieser Sieg war entscheidend, und nach drei Jahrhunderten unter englischer Besatzung hatten die Franzosen endlich die Gascogne und Guyenne zurückerobert.[22]

Es war zu diesem Zeitpunkt noch nicht bekannt, aber Castillon markierte das Ende des Hundertjährigen Krieges. Nur Calais blieb in englischer Hand. In einer weiteren ironischen Wendung des Schicksals sollte England bald in einen eigenen Bürgerkrieg, die Rosenkriege, verwickelt werden, die von 1455 bis 1485 andauerten.

---

[22] Im selben Jahr, 1453, fiel Konstantinopel an die osmanischen Türken.

London

ENGLAND

Ärmelkanal

FLANDERN

HL.
RÖM.
REICH

Calais

Azincourt

Crécy

Rouen

Compiègne

NORMANDIE

Seine

Reims

Vaucouleurs

BRETAGNE

Paris

ANJOU

Patay

Domrémy

Orléans

Loire

Troyes

POITOU

Chinon

BURGUND

Nevers

Poitiers

Bourges

1453

AQUITAINE

Castillon

Bordeaux

DAUPHINÉ

Garonne

GUYENNE

ARMAGNAC

GASCOGNE

Toulouse

Avignon

LANGUEDOC

NAVARRA

Mittelmeer

ARAGON

Fazit

Historiker versuchen zu Recht, Johannas Erfolg als militärische Befehlshaberin zu bewerten. Ihre Leistungen sind zu einem großen Teil auf ihre dynamische Persönlichkeit, die Inspiration und die Moral, die sie den Truppen verlieh, sowie ihre unerschütterliche Entschlossenheit, auf ihre innere Stimme zu hören, zurückzuführen. Johanna war in jeder Hinsicht auf einer Mission und ließ nie Zweifel daran, worin diese bestand.

Nach der Schlacht von Orléans war der Erfolg ihrer militärischen Bemühungen gemischt. Der Verdienst am endgültigen Sieg über die Engländer ging zum Großteil an Kommandeure wie Johann von Orléans, Alençon und La Hire. Da Johanna keine militärische Ausbildung genossen hatte, war ihr Repertoire an Strategien und Taktiken begrenzt. Wenn Briefe und mündliche Drohungen nicht zum Ziel führten, blieb ihr nur der unerbittliche Angriff. Mit einem Banner in der Hand befand sie sich oft inmitten der Truppen oder führte einen Angriff an. Diplomatie war nie Teil von Johannas Überlegungen, was in starkem Gegensatz zu Karls Politik gegenüber den Burgundern stand.

Die Frage bleibt: Hätten die Franzosen ohne sie gewonnen? Wahrscheinlich nicht. Die meisten glaubten damals, dass die Engländer während der Belagerung von Orléans kurz vor dem Sieg standen. Doch Johannas plötzliches und unerwartetes Erscheinen verlieh der demoralisierten königlichen Armee neue Hoffnung und sie spielte eine unverzichtbare Rolle bei der Aufhebung der Belagerung und im Loire-Feldzug. Bei ihrer ersten Schlacht in Saint-Loup kam sie verspätet auf dem Schlachtfeld an, nachdem sie von ihren Stimmen geweckt worden war. Ihr Erscheinen hatte sofort positiven Einfluss auf die Moral der Truppen und zum ersten Mal während der Belagerung von Orléans gelang es den Franzosen, die Engländer aus einer ihrer Befestigungen zu vertreiben. Das Vertrauen in Johanna wuchs stetig, bis es in Reims ihren Höhepunkt erreichte.

Vor Johannas Erscheinen hatte es in Frankreich niemanden gegeben, der die Hoffnungslosigkeit im Lager der Armagnacs vertreiben konnte. Sie appellierte an die religiösen Überzeugungen der Soldaten sowie ihr Gefühl für die französische Identität, wie es sonst niemand zu tun vermochte. Sie übernahm Führung in Wort und Tat und flößte der dauphinistischen Sache das Vertrauen ein, dass Gott den Sieg bringen würde. Sie allein unter allen Jungfrauen konnte versichern, dass sie von Gott gesandt war, und tatsächliche Erfolge vorweisen. Aber sie konnte nicht die Rolle einer Militärstrategin übernehmen – diese Aufgabe fiel zwangsläufig anderen zu. Trotz ihres manchmal übersteigerten Selbstbewusstseins war sie für diese Rolle ungeeignet.

Was ihre wahre Mission und Berufung anging, war Johanna jedoch äußerst erfolgreich. Es ist bemerkenswert, dass sie Baudricourt in Vaucouleurs davon überzeugen konnte, ihr eine bewaffnete Eskorte nach Chinon zur Verfügung zu stellen, und sie dann mit nichts weiter als einem Empfehlungsschreiben und ihrem Ruf als *la Pucelle*, die Frankreich retten würde, in den königlichen Saal eingelassen wurde. Sie erkannte Karl in einer Menschenmenge, ohne ihn je gesehen zu haben, und als er sie weiter auf die Probe stellte, indem er auf einen anderen Mann in der Nähe zeigte und ihn als den Dauphin bezeichnete, durchschaute sie seine List. In weniger als einem Monat erhielt sie einen Posten in der Armagnac-Armee, wenn auch nicht mit der Befehlsgewalt, die ihr ihrer Meinung nach gebührt hätte. Der Sieg bei Orléans bestätigte ihre Authentizität und festigte ihre Stellung in den geopolitischen Ereignissen ihrer Zeit. Ihr Platz in der Geschichte war endgültig gesichert, als sie den Dauphin davon überzeugte, nach Reims zu reisen, und bei seiner Krönung in Rüstung anwesend war.

Die gemischten militärischen Erfolge, die auf Orléans folgten, schmälern in keiner Weise den Gesamterfolg ihrer wahren Mission, sondern offenbaren sie vielmehr. Ihre Gefangennahme war der Beginn einer Kette von Ereignissen, die dafür sorgten, dass sie für immer in die Geschichtsbücher eingehen würde. Die Heiligsprechung war ihre Krönung – ein endgültiger Sieg über den

Hohen Rat, der sie verurteilte und dem Tod übergab. Ihre Stimmen hatten ihr stets die Erlösung versichert, aber sie deutete nie an, dass sie verstand, wie großartig sie sein würde.

~

Johanna wurde am 16. Mai 1920, fast 500 Jahre nach ihrem Märtyrertod, heiliggesprochen. Am 17. Mai 1925 – fast auf den Tag genau fünf Jahre später – wurde eine weitere Französin, die jung gestorben war, ebenfalls heiliggesprochen. Die Leben der beiden Frauen hätten unterschiedlicher kaum sein können, wenn es auch eine Reihe ironischer Zufälle zwischen ihnen gab:

- Johanna war eine mittelalterliche Bäuerin, die im frühen 15. Jh. und im Schatten des schrecklichen 14. Jh. lebte. Thérèse Martin gehörte der bürgerlichen Klasse des 19. Jh. an und lebte ein provinzielles Leben in einer friedlichen und wohlhabenden Normandie.

- Johanna war eines von fünf Kindern, von denen keines in ein religiöses Leben eintrat. Thérèse war eines von fünf überlebenden Kindern (vier starben im Säuglingsalter), die allesamt in ein religiöses Leben eintraten.

- Es wird angenommen, dass Johanna am 6. Januar (Erscheinung des Herrn) geboren wurde. Thérèse wurde nachweislich am 2. Januar in Alençon geboren. Johanna war mit Johann II., dem Herzog von Alençon, den sie ihren „schönen Herzog" nannte, befreundet und verbündet.

- Thérèse wurde 1873 nach dem Deutsch-Französischen Krieg geboren und starb 1897 während der militärischen Aufrüstung für den Ersten Weltkrieg, doch zu ihren Lebzeiten befand sich Frankreich nie im Krieg. Johanna verbrachte ihr ganzes Leben im Schatten des Krieges und ihre Mission erforderte es, dass sie an einem bewaffneten Konflikt teilnahm.

- Johanna zeigte kein Bedauern darüber, ihre Familie verlassen zu haben, und sagte während ihres Prozesses aus, dass sie es wieder tun würde, wenn Gott sie dazu auffordern würde. Thérèse hing dagegen sehr an ihrer Familie. Ihre Mutter, Zelie Guerin, starb, als sie viereinhalb Jahre alt war, und Thérèse erlitt einen Nervenzusammenbruch. Sie war auch verzweifelt, als ihre Schwestern das Haus verließen, um ins Kloster zu gehen, und als Pauline ging, schien Thérèse dem Tod nah zu sein. Später, als Karmelitin, war sie zutiefst betrübt über den schleichenden Tod ihres Vaters, Louis Martin, 1894.

- Vom Tod ihrer Mutter bis zu ihren frühen Jugendjahren war Thérèse sensibel, schüchtern und ängstlich und litt häufig an Weinkrämpfen. Auch Johanna neigte zu Weinkrämpfen und zeigte beim Anblick toter Soldaten Reue, doch sie war nicht besonders sensibel oder schüchtern und zog sich regelmäßig vor männlichen Soldaten um.

- Johanna wurde von ihren Stimmen zum Militärdienst berufen und war aktiv in geopolitische Ereignisse ihrer Zeit verstrickt. Thérèse wurde in ein Kloster und zu einem Leben als kontemplative, in Klausur lebende Nonne berufen.

- Thérèse war ehrerbietig gegenüber Autorität, gab oft vor, „schwach" und „machtlos" zu sein, und bezeichnete sich selbst als „kleine Blume". Johanna war prahlerisch, mit einem kämpferischen Geist ausgestattet, gab sich während ihres Militärdienstes dynamisch und gebieterisch und zeigte einen Mangel an Ehrerbietung gegenüber Autorität, sogar königlicher.

- Wie viele französische Bürger ihrer Zeit betrachtete Thérèse Johanna als Symbol des französischen Nationalismus und verehrte sie als Heilige. Sie schrieb ein Theaterstück über Johanna und spielte ihre Rolle in einer Aufführung vor ihrer religiösen Gemeinschaft. Außerdem schrieb sie mehrere Gedichte über Johanna.

- Von Johanna ist kein Bildnis erhalten, doch ihre Zeitgenossen erwähnten ihre Schönheit kaum. Aus Thérèses Bildern geht hervor, dass sie attraktiv war und von ihren Zeitgenossen für ihre Schönheit geschätzt wurde.

- Johanna krönte einen König. Thérèse traf einen Papst.

- Johanna war Analphabetin, aber ihre Geschichte wurde in den Protokollen ihrer beiden Prozesse niedergeschrieben. Thérèse wurde von ihrer Ordensoberin, Mutter Marie de Gonzague, gebeten, ihre Lebensgeschichte niederzu-schreiben, die seitdem unter dem Titel *Die Geschichte einer Seele* ein katholischer Klassiker ist. Über beide Heilige wurden zahlreiche Bücher verfasst.

- Johanna wurde im Alter von 19 Jahren öffentlich hingerichtet. Ihre letzten Momente waren grausam schmerzhaft, aber verhältnismäßig kurz. Thérèse verstarb im Alter von 24 Jahren im Verborgenen an Tuberkulose. Ihr Tod war langwierig und qualvoll, da ihre Ordensoberin meinte, Ordensleute sollen ohne schmerzstillende Medikamente leiden. Sie verweigerte Thérèse Morphium gegen ihre letzten Qualen, die zwölf Stunden andauern sollten.

- Johanna wurde für ihren Beitrag im Hundertjährigen Krieg berühmt und nach ihrer Heiligsprechung zur Schutzpatronin Frankreichs ernannt. Thérèse wurde berühmt und für ihr Verständnis der „geistlichen Kindheit" und die Lehre ihres „Kleinen Weges" zur 33. Kirchenlehrerin ernannt.

- Johannas Mission bestand nach eigenen Worten darin:

  1. die Engländer zu vertreiben;

  2. den Dauphin nach Reims zu bringen, damit er zum König gekrönt werden konnte;

  3. Charles, den Herzog von Orléans aus der englischen Gefangenschaft zu befreien;

  4. die Belagerung Orléans aufzuheben.

- Am Ende ihres Lebens sagte Thérèse über ihre Mission:

  Ich fühle es, meine Sendung beginnt erst: meine Sendung, zur Liebe Gottes hinzuführen, wie ich ihn liebe; den Menschen meinen kleinen Weg zu zeigen.

Ich will meinen Himmel damit zubringen, Gutes auf Erden zu tun.[23]

Trotz ihrer zahlreichen Unterschiede haben Johanna und Thérèse viel gemeinsam, nämlich:

- Beide waren vereint in ihrer Hingabe für Gottes Willen und ihrem unerschütterlichen Vertrauen in die Vorsehung.

- Beide hatten fromme Mütter, die ihnen Religionsunterricht erteilten.

- Beide waren Jungfrauen.

- Beide wurden zu einer Mission berufen.

- Beide hatten ein Heldenereignis und einen Heldenmoment: Johanna in ihrer öffentlichen Mission, die in ihrem Märtyrertod gipfelte, und Thérèse in ihrer Krankheit, die in einem langsamen und schmerzhaften Tod endete.

- Beide zeigten nachweislich heldenhafte Wohltätigkeit – die wichtigste Voraussetzung für die Heiligsprechung (das heißt die Liebe zu Gott und zum Nächsten in heldenhaftem Maße)

- Beide wurden zu beliebten und weithin bekannten Heiligen.

---

[23] *Therese von Lisieux – Geschichte einer Seele und weitere Selbstzeugnisse. Gesammelt, übersetzt und eingeleitet von Otto Karrer,* (München: Verlag Ars Sacra Josef Müller, 1952), 273–274.

Der obige Vergleich zwischen Johanna der Jungfrau und Thérèse von Lisieux veranschaulicht das Prinzip, dass es in allen Lebensbereichen, zu allen Zeiten und an allen Orten Heilige Helden gibt, von Bescheidenen und Unbekannten bis hin zu denen, die in die Geschichte eingehen. Da die Geschichte unseres Lebens Tag für Tag geschrieben wird, sollten wir uns im Lichte dieser Heldengeschichten der Heiligen fragen, ob wir uns auf einer Heldenreise oder einer Narrenmission befinden:

- Sind unsere Prioritäten im Leben richtig geordnet?

- Leben wir ein tugendhaftes Leben und bleiben wir Gott im Gebet nah?

- Folgen wir Gottes Ruf, die Heldengeschichte zu schreiben, die er für unser Leben vorgesehen hat?

- Wo erwarten wir, dass unsere Lebensreise endet?

- Welche Rolle spielt der Herr der Geschichte in unserer Lebensgeschichte?

Es ist eine grundlegende spirituelle Wahrheit, dass wir von Gott stets das bekommen, was wir wollen, aber bekommt Gott immer das von uns, was er will? Und wir sollten uns in einem ruhigen Moment der Reflexion vor Gott fragen: Gibt es eine bessere Art, ein Leben zu führen, als in der Hoffnung, ein Heiliger zu werden?

> Was freilich den Gewinn der Lektüre angeht, muß ich bekennen, daß über der Lektüre von ritterlichen Abenteuern, der Sinn für die Wirklichkeit etwas zu kurz kam. Vor lauter

Bewunderung der vaterländischen Heldinnen, besonders der ehrwürdigen Jeanne d'Arc, überkam mich ein großes Verlangen. Damals erlebte ich etwas, was ich stets zu den größten Gnaden meines Lebens zählte … [Gott] ließ mich erkennen, daß es nur eine wahre Größe gibt: die für ewig Bestand hat, und daß für diese nicht blendende Werke nötig sind … [dann] ging es mir innerlich auf, daß die mir zugedachte Größe niemals für die Blicke der Sterblichen erscheinen, sondern nur darin bestehen sollte, daß ich eine Heilige werde.[24]

– Heilige Therese von Lisieux

---

[24] *Therese von Lisieux – Geschichte einer Seele und weitere Selbstzeugnisse. Gesammelt, übersetzt und eingeleitet von Otto Karrer,* (München: Verlag Ars Sacra Josef Müller, 1952), 65–66.

Über den Autor

Bruder Emmanuel Labrise, O.S.B., erhielt einen B.S. vom Saint Vincent College, einen M.A. von der Bowling Green State University und einen M.A. vom Notre Dame Seminary. Als kontemplativer Mönch mit über zwanzig Jahren Erfahrung im monastischen Leben war er sechs Jahre lang Mitglied des Kartäuserordens und ist seit 2009 Mönch im Orden des Heiligen Benedikt. Er unterrichtete unter anderem in einem Seminarkolleg, arbeitete in einem Ausbildungsprogramm für Priesterseminare und hielt Vorträge in einem Exerzitienhaus. Gegenwärtig lebt er ein eremitisches Leben, in dem er sich hauptsächlich dem Gebet, dem Lesen, der Reflexion und dem Schreiben widmet.

Bücher von Bruder Emmanuel Labrise, O.S.B.

Ein Held wird erwählt – Reihe

Heldengeschichten der Heiligen

Buch Eins: *Reflexionen eines ungewöhnlichen Mönchs: Auf dem Weg zu einer Theologie des Helden-Heiligtums*
Dient als Einführung in die Serie und ihre geistigen und moralischen Grundlagen

Buch Zwei: *Die Mission der Jungfrau: Die Heldengeschichte der Jeanne d'Arc*

Erster Teil: Historischer Kontext
Mittelalterliches Europa im 14. und 15. Jh.; Hochmittelalter; Hundertjähriger Krieg; Geschichte von Frankreich und England

Zweiter Teil: Die Mission der Jungfrau
Die Geschichte von Johanna als Heldin und Heilige, die sich auf ihre öffentliche Mission (Heldenereignis) konzentriert, von der Zeit, als sie Domrémy verließ, bis zu ihrem Verhör, ihrem Prozess und ihrer Verbrennung auf dem Scheiterhaufen (Heldenmoment)

Buch Drei: *Gottes guter Diener und der des Königs: Die Heldengeschichte des Thomas More*

Erster Teil: Historischer Kontext
Europa der Renaissance im 15. und 16. Jh.; Reformationszeit; englische Geschichte und Kirchengeschichte

Zweiter Teil: Gottes guter Diener und der des Königs
Thomas Mores Heldengeschichte, die sich auf
seine öffentliche Ablehnung von König
Heinrich VIII. (Heldenereignis) bis zu seiner
Hinrichtung (Heldenmoment) konzentriert

Buch Vier: *König der Könige: Die Heldengeschichte Jesu von
Nazareth*

    Erster Teil: Historischer Kontext
Geschichte des Alten und Neuen Testaments;
Römische Besetzung Judäas im 1. Jh. n. Chr.

    Zweiter Teil: König der Könige
Die Geschichte des Heiligen Helden Jesus von
Nazareth mit Schwerpunkt auf seiner
öffentlichen Mission (Heldenereignis) von
seiner Taufe im Jordan durch Johannes den
Täufer bis zu seiner Kreuzigung auf Golgatha
(Heldenmoment)

Buch Fünf: *Mönch, Priester und Märtyrer: Die Heldengeschichte
von Maximilian Kolbe*

    Erster Teil: Historischer Kontext
Europa im 19. und 20. Jh.; der Aufstieg des
deutschen Nationalismus; der
Nationalsozialismus und der Zweite Weltkrieg

    Zweiter Teil: Mönch, Priester und Märtyrer
Maximilians Helden-Heiligen-Geschichte mit
Schwerpunkt auf seiner öffentlichen Mission
als Priester (Heldenereignis) bis zu seiner
Inhaftierung und seinem Tod in Auschwitz
(Heldenmoment)

Buch Sechs: *Eine nie erzählte Geschichte der Berufung: Eine Heldengeschichte zukünftiger Heiliger*
Kurzroman, der im späten 22. und frühen 23. Jh. spielt

Buch Sieben: *Biblische Heldenverse: Meditationen eines Heiligen*
Inspirierende Bibelzitate von der Genesis bis zur Offenbarung

Persönliche Notizen und Gedanken

Persönliche Notizen und Gedanken

Persönliche Notizen und Gedanken